FORTGESCHRITTENE TECHNISCHE ANALYSE FÜR FOREX

Ein moderner Ansatz der technischen Analyse für

größere Gewinne

WAYNE WALKER

Dieses Buch umfasst möglichst genaue und zuverlässige Informationen. Bei Bedarf sollten Fachleute konsultiert werden, bevor eine der hierin erwähnten befürworteten Maßnahmen durchgeführt wird.

Diese Erklärung wird sowohl von der American Bar Association als auch von der Committee of Publishers Association als fair und gültig erachtet und ist in den gesamten Vereinigten Staaten rechtsverbindlich.

Darüber hinaus wird die Übertragung, Vervielfältigung oder Reproduktion des folgenden Werks, einschließlich genauer Informationen, als illegale Handlung betrachtet, unabhängig davon, ob sie elektronisch oder in gedruckter Form erfolgt. Die Legalität erstreckt sich auf die Erstellung einer sekundären oder tertiären Kopie des Werkes oder einer aufgezeichneten Kopie und ist nur mit ausdrücklicher schriftlicher Zustimmung des Verlegers erlaubt. Alle weiteren Rechte sind vorbehalten.

Die Informationen auf den folgenden Seiten werden im Großen und Ganzen als wahrheitsgemäße und genaue Darstellung von Tatsachen betrachtet. Als solche wird jede Unaufmerksamkeit, jeder Gebrauch oder Missbrauch der fraglichen Informationen durch den Leser dazu führen, dass daraus resultierende Handlungen ausschließlich in seinen eigenen Verantwortungsbereich fallen. Der Herausgeber oder der Autor dieses Werkes kann in keinster Weise für Nachteile oder Schäden haftbar gemacht werden, die nach der Erlangung der hier beschriebenen Informationen widerfahren könnten.

Inhalt

EINLEITUNG

Herzlichen Glückwunsch zu Ihrem persönlichen Exemplar von *Fortgeschrittene technische Analyse für Forex*. Wir setzen unsere Reise vom ersten Buch fort, um ein breiteres und tieferes Verständnis über die technische Analyse für den Devisenhandel zu erlangen. Auch hier liegt der Schwerpunkt weiterhin auf praktischen Anwendungen. Sie erhalten eine Einführung in neue Strategien und werden erfahren, wie diese anzuwenden sind. Außerdem werden wir auch modernere Indikatoren der technischen Analyse untersuchen, womit Sie Ihre Verdienstmöglichkeiten verbessern können.

Die letzten Kapitel behandeln die fortgeschrittene *fundamentale* Analyse und den oft übersehenen Bereich der Händlerpsychologie. Diese Abschnitte sind ein Bonus für Händler aller Art. Vielen Dank, dass Sie sich für dieses Buch entschieden haben!

KAPITEL 1:
Die Grundlagen des Diagramms

Die Diagrammgrundlagen

Diagramme sind das beste Werkzeug für jeden Devisenhändler, da man sie höchstwahrscheinlich öfters benutzt als jedes andere verfügbare Tool. Und weil Diagramme im Handel eine so große Rolle spielen, ist es wichtig, mit ihnen vertraut zu sein. Je besser man sich mit seinen Diagrammen auskennt, desto einfacher wird man ein profitabler Devisenhändler.

Damit Sie sich mit Diagrammen besser vertraut machen und effektiv nutzen können, finden Sie hier eine Anleitung für die folgenden Konzepte: Diagrammaufbau, Zeitrahmen für Diagramme und die verschiedenen Diagrammarten. Außerdem werfen wir auch einen Blick auf die nützlichen technischen Indikatoren, die man Diagrammen hinzufügen kann, um seine Handelsergebnisse in den späteren Kapiteln zu verbessern. Zunächst beginnen wir mit den Grundlagen, die später schnell auf weiterführende Inhalte aufbauen werden.

Der Diagrammaufbau

Beginnen wir mit den Grundlagen und sehen uns zuallererst den Aufbau einer Forex-Preistabelle an. Sobald Sie diese Grundlagen verstanden haben, wird es Ihnen deutlich leichter fallen, die fortgeschritteneren Konzepte auf Ihre technische Analyse anzuwenden. Forex-Preisdiagramme haben zwei Achsen: die X-Achse (horizontal) und die Y-Achse (vertikal).

Die X-Achse verläuft horizontal am unteren Rand des Diagramms und hält zeitlich alles fest, was passiert ist. Die neueste Preisaktion wird dabei auf der rechten Seite des Diagramms angezeigt.

Die Y-Achse verläuft vertikal entlang der rechten Seite des Diagramms und stellt eine Preisskala für die Preisbewegung dar. Niedrigere Preise werden am unteren Ende und die höheren Preise am oberen Ende des Diagramms angezeigt.

Wenn man beide Achsen miteinander kombiniert, kann man sehen, zu welchem Preis ein Währungspaar zu welchem Zeitpunkt gehandelt wurde.

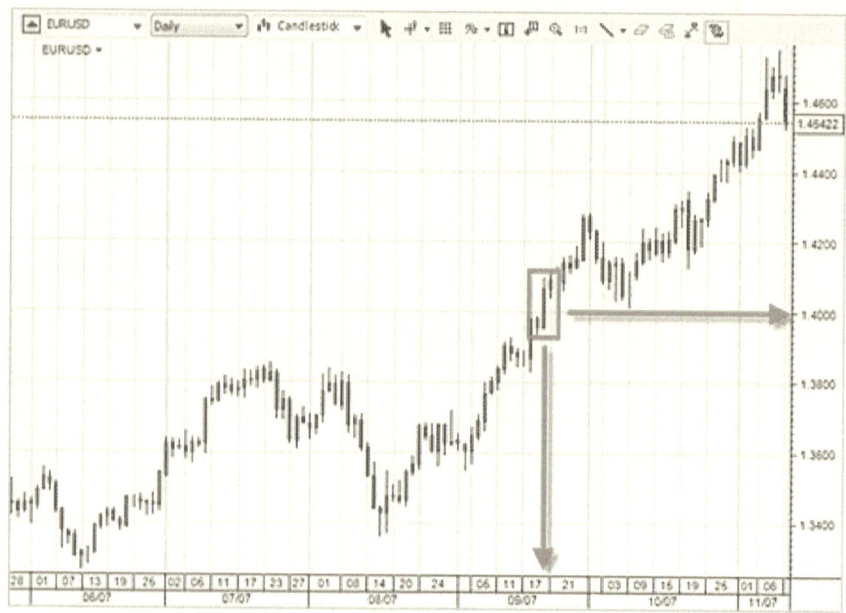

Die verschiedenen Arten von Diagrammen

Mit Forex-Tabellen kann man – von Balkendiagrammen bis hin zu Kerzendiagrammen – die Kursbewegung eines Währungspaares in verschiedenen Formaten analysieren. Hier hat man die Möglichkeit, das für einen am besten geeignete Format auszuwählen.

Die technische Analyse ist eine von Händlern entwickelte Fertigkeit, die sie gerne bei verschiedenen Arten von Diagrammen anwenden. Manche Händler glauben, Unterstützungs- und Widerstandsstufen auf einem Liniendiagramm besser sehen und analysieren können, während andere Händler davon überzeugt sind, mehr Informationen über Preisbewegungen auf einem Balken- oder Kerzendiagramm zu erhalten. Technische Analysten neigen dazu, mit den folgenden drei Diagrammtypen zu arbeiten:

Das Liniendiagramm

Liniendiagramme stellen die grundlegendste Art eines Diagramms dar. Technische Analysten verwenden Liniendiagramme oft, um schnell die Unterstützungs- und Widerstandsstufen zu identifizieren. In Liniendiagrammen sind nur grundlegende Informationen eingezeichnet, sodass eine gute Übersicht für eine Analyse entsteht. Ein Liniendiagramm erstellt man, indem man den Schlusskurs jeder Handelsperiode markiert und anschließend mit einer Linie verbindet. Unten sehen Sie ein Beispiel für ein Liniendiagramm.

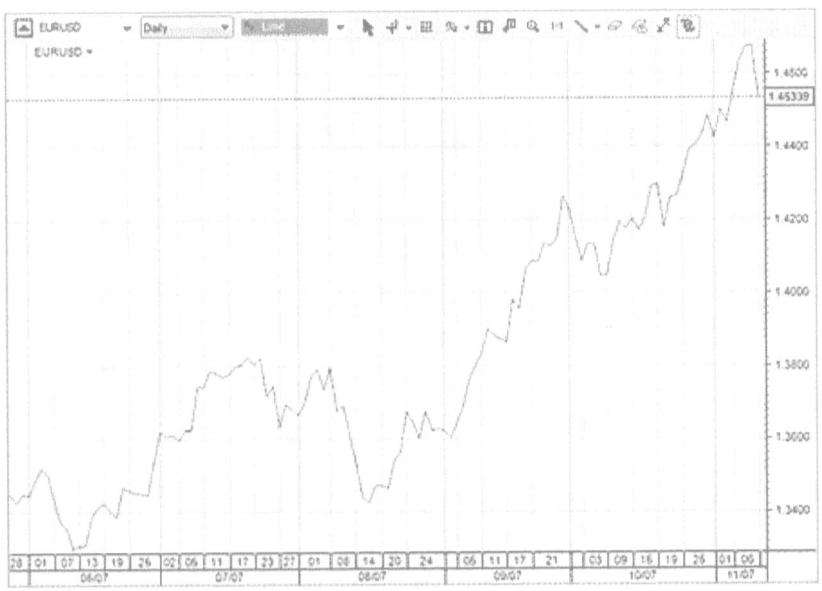

Das Balkendiagramm

Balkendiagramme bieten mehr Informationen als ein Liniendiagramm. Technische Händler verwenden oft Balkendiagramme, um zu sehen, wie der Preis eines Währungspaares während jeder Handelsperiode schwankte. Während Liniendiagramme nur den Schlusskurs jeder

Handelsperiode darstellen, werden in Balkendiagrammen der Eröffnungs-, Höchst-, Tiefst- und Schlusskurs aus jeder Periode dargestellt.

Ein Balkendiagramm erstellt man, indem man mehrere Balken in das Diagramm einzeichnet. Jeder Balken repräsentiert eine Handelsperiode. Um einen Balken zu erstellen, zeichnet man den Höchst- und Tiefstpreis einer Handelsperiode ein und verbindet sie mit einer vertikalen Linie. Als Nächstes zeichnet man den Eröffnungspreis auf der linken Seite der soeben gezogenen vertikalen Linie ein und verbindet diesen Punkt mit der vertikalen Linie durch eine horizontale Linie. Zuletzt zeichnet man den Schlusskurs auf der rechten Seite der soeben gezogenen vertikalen Linie ein und verbindet diesen Punkt mithilfe einer horizontale Linie mit der vertikalen Linie.

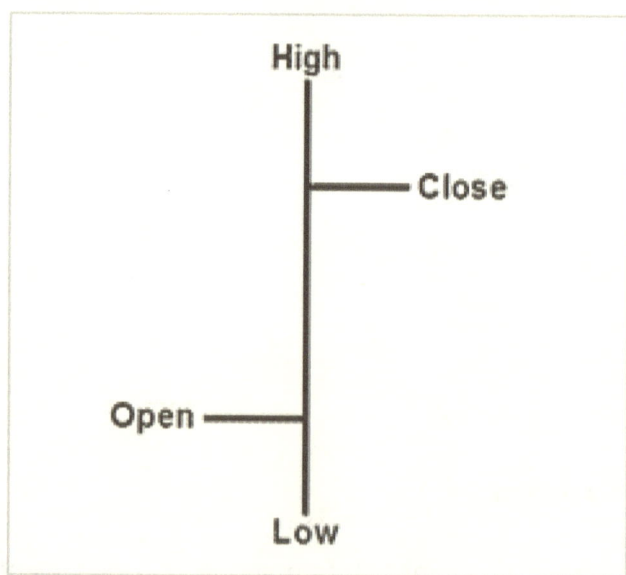

Wenn man vergleicht, wo ein Währungspaar die Handelsperiode begonnen und beendet hat, kann man Trends erkennen. Wenn der

Kurs höher schließt als er eröffnet wurde, weiß man, dass die Anleger während der Handelsperiode bei dem Währungspaar bullisch waren. Und wenn der Kurs niedriger schließt als er eröffnet wurde, weiß man, dass die Anleger während der Handelsperiode bei dem Währungspaar bärisch waren. Unten sehen Sie ein Beispiel für ein Balkendiagramm.

Das Kerzendiagramm

Kerzendiagramme bieten ähnliche Informationen wie Balkendiagramme, allerdings in einem etwas anderen Format. Technische Händler bevorzugen häufig Kerzendiagramme im Vergleich zu Balkendiagrammen, weil man mit Kerzendiagrammen verschiedene Handelsmuster leichter erkennen und identifizieren kann. Tatsächlich liegt das auch daran, dass eine komplette japanische Kerzendiagramm-Analyse entwickelt wurde.

Ein Kerzendiagramm erstellt man, indem man mehrere Kerzen in das Diagramm einzeichnet. Jede Kerze repräsentiert eine Handelsperiode. Um eine Kerze zu erstellen, zeichnet man den Höchst- und Tiefstpreis einer Handelsperiode ein und verbindet diese mit einer vertikalen Linie. Diese Linie wird dann als Schatten der Kerze bezeichnet. Als Nächstes zeichnet man den Eröffnungspreis ein, indem man eine horizontale Linie durch die vertikale Linie oder den Schatten zeichnet, gefolgt vom Schlusskurs durch eine weitere horizontale Linie durch die vertikale Linie. Zuletzt füllt man dann den Bereich zwischen dem Eröffnungskurs und dem Schlusskurs aus. Dieser Bereich wird als der Körper der Kerze bezeichnet.

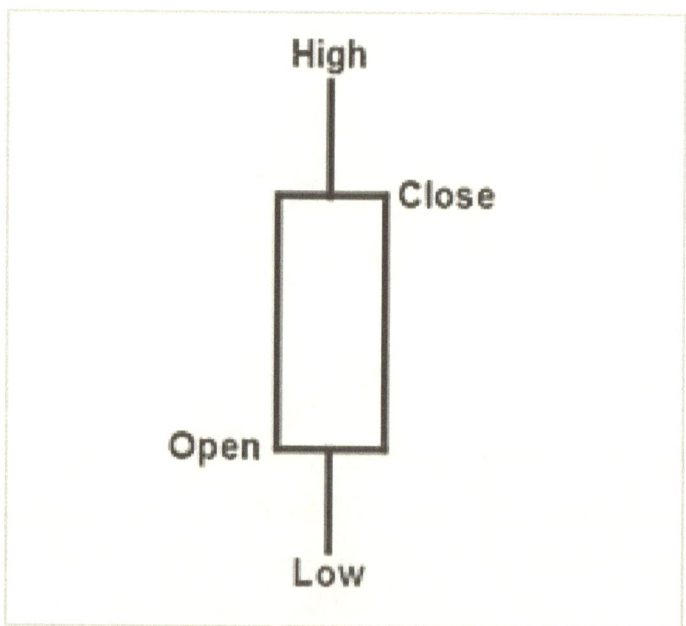

Wenn man vergleicht, wo ein Währungspaar die Handelsperiode begonnen und beendet hat, kann man Trends erkennen. Wenn der Kurs höher schließt als er eröffnet wurde, weiß man, dass die Anleger während der Handelsperiode bei dem Währungspaar haussierend waren. Und wenn der Kurs niedriger schließt als er eröffnet wurde, weiß man, dass die Anleger während der Handelsperiode bei dem Währungspaar baissierend waren. Unten sehen Sie ein Beispiel für ein Kerzendiagramm.

KAPITEL 2:
Technische Indikatoren

Technische Indikatoren

Diagramme zeigen den Marktverlauf an. Allerdings kann es ab und zu auch vorkommen, dass diese Diagramme nicht nachvollziehbar sind, sodass man ein wenig Hilfe von einem Indikator benötigt. Technische Indikatoren interpretieren den Forex-Markt und übersetzen Preisinformationen in einfache, leicht verständliche Signale, mit denen man bestimmen kann, wann man ein Währungspaar kaufen oder verkaufen sollte.

Technische Indikatoren basieren auf mathematischen Gleichungen, die einen Wert ergeben, der dann auf dem Diagramm eingezeichnet wird. Beispielsweise berechnet ein gleitender Durchschnitt den Durchschnittspreis eines Währungspaares und zeichnet dazu einen Punkt im Diagramm ein. Wenn sich das Währungsdiagramm dann vorwärts bewegt, erstellt der gleitende Durchschnitt basierend auf aktualisierten Preisinformationen neue Punkte. Letztendlich gibt einem der gleitende Durchschnitt dadurch den Hinweis, in welche Richtung sich das Währungspaar bewegt.

Jeder technische Indikator liefert eindeutige Informationen. Sie werden vermutlich feststellen, dass Sie sich aufgrund Ihres Handelsstils zu bestimmten technischen Indikatoren hingezogen fühlen werden, aber trotzdem es ist wichtig, sich mit mehreren (nicht allen) der Ihnen zur Verfügung stehenden technischen Indikatoren vertraut zu machen.

Außerdem sollten Sie auch die Schwächen der technischen Indikatoren kennen: Technische Indikatoren beziehen sich auf historische Kursdaten, sodass eine definitive Vorhersage der Zukunft nicht garantiert ist. Technische Indikatoren werden in die folgenden Kategorien unterteilt: Trend-Indikatoren, schwankende Indikatoren und Volumen-Indikatoren.

Trend-Indikatoren

Trendindikatoren identifizieren und verfolgen – wie der Name schon sagt – den Trend eines Währungspaares. Den meisten Profit machen Devisenhändler, wenn Währungspaare im Trend liegen. Daher ist es für Sie von entscheidender Bedeutung, zu erkennen, wann ein Währungspaar einen Trend aufweist und wann es sich konsolidiert. Wenn Sie kurz nach dem Beginn eines Trends einsteigen und kurz nach dem Ende des Trends aussteigen können, werden Sie damit recht erfolgreich sein. Werfen wir daher mal einen Blick auf ein paar Trendindikatoren:

Gleitender Durchschnitt

Der gleitende Durchschnitt ist der grundlegendste Trendindikator. Er zeigt an, in welche Richtung sich ein Währungspaar entwickelt und wo potenzielle Unterstützungs- und Widerstandsstufen liegen können. Die gleitenden Durchschnitte können dabei sowohl als Unterstützung als auch als Widerstand dienen und umfassen die folgenden drei Themen: Wie bildet man einen gleitenden Durchschnitt, das Handelssignal des gleitenden Durchschnitts und die Stärken des gleitenden Durchschnitts.

Wie bildet man einen gleitenden Durchschnitt?

Gleitende Durchschnitte werden zusammengestellt, indem der durchschnittliche Schlusskurs eines Währungspaares zu einem bestimmten Zeitpunkt ermittelt und dann als Punkte in einem Diagramm eingezeichnet werden. Dadurch entsteht eine klare Linie, die der Kursbewegung des Währungspaares folgt.

Den gleitenden Durchschnitt kann man auch manipulieren, indem man den Zeitrahmen des Indikators anpasst, um den Durchschnittspreis zu erhalten. Gleitende Durchschnitte, die zur Bestimmung eines Durchschnitts weniger Zeitrahmen betrachten, sind in der Regel volatiler, während die mit mehreren Zeitrahmen weniger volatil sind.

Das Handelssignal des gleitenden Durchschnitts

Gleitende Durchschnitte liefern nützliche Ein- und Ausstiegshandelssignale für Währungspaare, die im Trend liegen:

Eintrittsignal – Wenn ein Währungspaar mit einem Aufwärtstrend wieder aufwärts schwankt, nachdem es den Aufwärtstrend des gleitenden Durchschnitts getroffen hat oder wenn ein Währungspaar mit einem Abwärtstrend wieder abwärts schwankt, nachdem es den Abwärtstrend des gleitenden Durchschnitts berührt hat.

Austrittsignal – Wenn man einen Handel auf ein Währungspaar mit Aufwärtstrend eingibt, sollte man ein Stop-Loss unterhalb des gleitenden Durchschnitts setzen. Wenn der gleitende Durchschnitt dann ansteigt, kann man den Stop-Loss zusammen mit dem gleitenden Durchschnitt nach oben verschieben. Wenn das Währungspaar dann jemals weit unter den gleitenden Durchschnitt fallen sollte, wird einen der Stop-Loss aus dem Handel herausnehmen.

Wenn man dagegen einen Handel auf ein Währungspaar mit Abwärtstrend eingibt, setzt man ein Stop-Loss über dem gleitenden Durchschnitt. Wenn der gleitende Durchschnitt dann fällt, sollte man den Stop-Loss zusammen mit dem gleitenden Durchschnitt nach unten verschieben. Wenn das Währungspaar dann weit genug über dem gleitenden Durchschnitt ausbricht, schließt der Stop-Loss den Handel.

Die Stärken eines gleitenden Durchschnitts

Gleitende Durchschnitte haben folgende Stärken: Sie erkennen einfache Trends und sind flexibel genug, um sowohl in kurz- als auch in langfristigen Zeiträumen zu arbeiten. Im Gegensatz zu anderen Indikatoren sind sie sehr leicht zu verstehen.

KAPITEL 3:
Schwankende Indikatoren

Schwankende Indikatoren

Schwankende Indikatoren bewegen sich bei steigenden und fallenden Währungspaaren hin und her. Mit ihrer Hilfe kann man feststellen, wie stark der aktuelle Trend eines Währungspaares ist und wann dieser Trend möglicherweise an Schwung verliert und sich umzukehrt. Wenn sich der schwankende Indikator zu hoch bewegt, gilt das Währungspaar als überkauft (und es gibt nicht mehr genügend Käufer auf dem Markt, um das Währungspaar nach oben zu treiben). Dies deutet darauf hin, dass das Währungspaar von einer Umkehr oder einer Bewegung nach unten bedroht ist.

Wenn sich ein schwankender Indikator dagegen zu weit unten bewegt, gilt das Währungspaar als überverkauft (und es sind nicht genügend Verkäufer auf dem Markt übrig, um das Währungspaar wieder nach unten zu drücken). Dies deutet darauf hin, dass das Währungspaar Gefahr läuft, an Schwung zu verlieren und sich umkehrt, um sich nach oben zu bewegen. Werfen wir einen Blick auf den folgenden schwankenden Indikator:

Die Konvergenz bzw. Divergenz des gleitenden Durchschnitts (MACD)

Der Moving Average Convergence Divergence (MACD) oder gleitende Durchschnitt der Konvergenz/Divergenz ist ein schwankender Indikator, der anzeigt, wann ein Handelsmomentum von bullisch zu bärisch und von bärisch zu bullisch wechselt. Außerdem kann der MACD anzeigen, wann Händler erschöpft sind, was in der Regel zu einer Trendumkehr für das Währungspaar führt. Der MACD wird in der Regel unterhalb der Preisbewegungen in einem Diagramm eingezeichnet. Um mehr über die Konvergenz bzw. Divergenz des gleitenden Durchschnitts zu erfahren, werden wir uns mit den folgenden Themen beschäftigen: Aufbau des MACD, MACD-Handelssignal und Stärken des MACD.

Der Aufbau des MACD

Der gleitende Durchschnitt der Konvergenz/Divergenz (MACD) basiert auf mehreren gleitenden Durchschnitten und deren Verhältnis zueinander. Der Standard-MACD befasst sich mit der Beziehung zwischen einem Währungspaar mit exponentiell gleitendem 12-Perioden- und 26-Perioden-Durchschnitt. Im Besonderen betrachtet der MACD den Abstand zwischen diesen beiden gleitenden Durchschnitten. Wenn der gleitende 12-Perioden-Durchschnitt über dem gleitenden 26-Perioden-Durchschnitt liegt, ist die MACD-Linie positiv. Wenn der gleitende 12-Perioden-Durchschnitt unter dem gleitenden 26-Perioden-Durchschnitt liegt, ist die MACD-Linie negativ.

Die MACD-Linie wird auch von einer Trigger-Linie begleitet. Diese Linie ist ein exponentiell gleitender 9-Perioden-Durchschnitt der MACD-Linie.

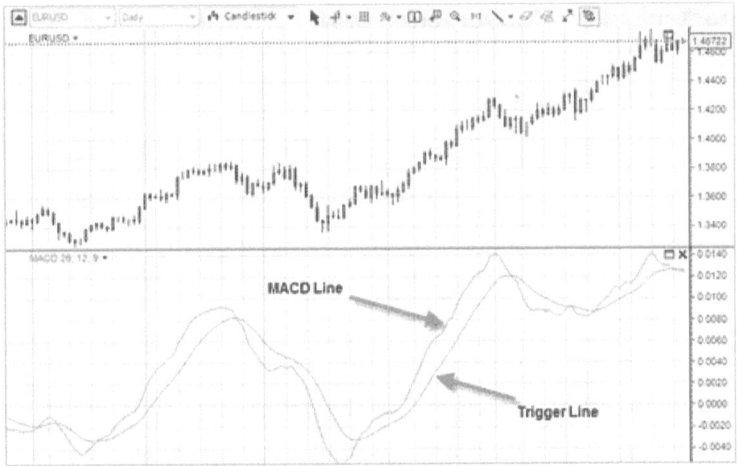

Das MACD-Handelssignal

Der gleitende Durchschnitt der Konvergenz/Divergenz (MACD) gibt Handelssignale, wenn er oberhalb und unterhalb der Auslöselinie hin und her kreuzt.

Eintrittsignal - Wenn der MACD über die Trigger-Linie kreuzt, kann man das Währungspaar in dem Wissen kaufen, dass sich das Momentum von bärisch auf bullisch verlagert hat. Wenn der MACD dagegen unter der Trigger-Linie kreuzt, kann man das Währungspaar in dem Wissen verkaufen, dass das Momentum von bullisch zu bärisch übergegangen ist.

Austrittsignal - Wenn sich der MACD wieder unter der Trigger-Linie kreuzt, nachdem man das Währungspaar gekauft hat, kann man das Währungspaar in dem Wissen zurückverkaufen, dass das Momentum wieder bärisch ist. Wenn der MACD nach dem Verkauf des Währungspaares wieder über die Trigger-Linie kreuzt, kann man das Währungspaar in dem Wissen zurückkaufen, dass sich das Momentum wieder in Richtung bullisch verschoben hat.

Die Stärken der Konvergenz bzw. Divergenz des gleitenden Durchschnitts (MACD)

Mit dem Moving Average Convergence Divergence (MACD) kann man erkennen, wann sich die Dynamik eines Währungspaares ändert und hilft, die Stärke der aktuellen Trends zu bestätigen.

Volumenindikatoren

Währungen werden auf dem Interbankenmarkt und nicht an einer zentralen Börse gehandelt, weshalb keine Volumendaten für

Währungstransaktionen verfügbar sind. Ohne Volumendaten kann man keine Volumenindikatoren konstruieren, sodass es im Devisenhandel auch keine gibt. Mehr über Volumenindikatoren erfahren Sie, wenn Sie Ihren Handel in Aktien und Termingeschäfte diversifizieren.

Regionale Handelsmuster

Nordamerika

Die Grundlagen funktionieren gut mit einer Kombination von Indikatoren wie RSI, MA und MACD.

Südeuropa

Über alle verschiedenen Märkte und Instrumente hinweg werden MAs in hohem Maße zur Identifizierung von Trends eingesetzt, während RSI und stochastische Schwankungen für Momentum und Seitwärtsbewegungen im Markt verwendet werden.

Osteuropa

Meistens werden MACD für FX-Trends und Bollinger-Bänder für Seitwärtsbewegungen verwendet.

Nordeuropa

Viele Nordische Länder handeln mit Aktien und den Gegenstücken von CFDs. Anhand des Handelsvolumens von Aktien lassen sich Preisbewegungen oft durch eine Momentum-Analyse vorhersagen, bevor sich die Preise ändern.

KAPITEL 4:
Die Fibonacci-Analyse

Technische Analyse: Fibonacci

Die Fibonacci-Analyse ist dafür bekannt, potenzielle zukünftige Unterstützungs- und Widerstandsstufen auf der Grundlage vergangener Kurstrends und Umkehrungen zu identifizieren. Die Fibonacci-Analyse basiert auf den mathematischen Entdeckungen von Leonardo Pisano, der auch als Fibonacci bekannt ist. Ihm wird die Entdeckung einer Zahlenfolge zugeschrieben, die heute seinen Namen trägt: die Fibonacci-Folge. Die Fibonacci-Folge ist eine Reihe von Zahlen, die wie folgt verläuft: 0, 1, 1, 2, 3, 5, 8, 13, 21, 34, 55... Um zu jeder nachfolgenden Zahl in der Reihenfolge zu gelangen, addiert man einfach die beiden vorherigen Zahlen. Um beispielsweise die Zahl nach der 55 zu bestimmen, addieren man einfach 55 + 34 (die beiden vorhergehenden Zahlen in der Folge). Die Summe von 55 + 34 ergibt 89. Das ist dann die nächste Zahl in der Sequenz.

Was Fibonacci an dieser Sequenz packte, waren nicht die Zahlen selbst, sondern vielmehr die Beziehungen zwischen den Zahlen oder die Verhältnisse, die durch die verschiedenen Zahlen in der Reihenfolge geschaffen wurden. Das vielleicht wichtigste Verhältnis ist 1,618, auch bekannt als der Goldene Schnitt. Diese Zahl ist in der gesamten Fibonacci-Folge zu finden. Jede Zahl in der Fibonacci-Folge ist 1,618 Mal größer als die vorhergehende Zahl. Zum Beispiel ist 89 1,618-mal größer als 55 (89 / 55 = 1,618).

Der Goldene Schnitt und die anderen Verhältnisse, die innerhalb der Fibonacci-Folge existieren, stellen das natürliche Auf und Ab des Lebens dar und sind sogar auf den natürlichen Fluss des Forex-Marktes anwendbar. In diesem Kapitel erfahren Sie, wie die Fibonacci-Verhältnisse mit Hilfe der folgenden Analysewerkzeuge auf den

Devisenmarkt angewandt werden können: Fibonacci-Retracement, Fibonacci-Vorhersagen und Fibonacci-Fans.

Fibonacci-Retracement

Wenn ein Währungspaar einen Pivot oder eine Trendumkehr vollzieht, möchten Devisenhändler natürlich wissen, wie weit sich das Paar höchstwahrscheinlich in seine neue Richtung bewegen wird. Fibonacci-Retracements können dabei helfen. Bestimmte Fibonacci-Verhältnisse sind nützlich, wenn man herausfinden möchte, wie weit sich ein Währungspaar gegenüber einem früheren Trend zurückverfolgen lässt. Die Verhältnisse, die Sie bei Ihrem Devisenhandel verwenden werden, helfen Ihnen dabei, die folgenden Retracements zu finden:

61.8 Prozent	Diese Stufe wird gefunden, indem eine Zahl in der Fibonacci-Folge durch die folgende Zahl geteilt wird (55 / 89 = 61,8%).
38.2 Prozent	Diese Stufe wird gefunden, indem man eine Zahl in der Fibonacci-Folge durch die zweite folgende Zahl teilt (34 / 89 = 38,2%).
23.6 Prozent	Diese Stufe wird gefunden, indem eine Zahl in der Fibonacci-Folge durch die dritte folgende Zahl geteilt wird (21 / 89 = 23,6%).

Außerdem verwendet man in der Retracement-Analyse noch drei weitere Stufen. Obwohl die folgenden Stufen nicht mit Zahlen innerhalb der Fibonacci-Folge berechnet werden, basieren sie auf den darüber liegenden Fibonacci-Stufen:

50 Prozent	Diese Stufe wird ermittelt, indem die Mitte zwischen 61,8 Prozent und 38,2 Prozent gefunden wird ((61,8% + 38,2%) / 2 = 50%).
76.4 Prozent	Diese Stufe wird ermittelt, indem der Abstand von 38,2 Prozent und 23,6 Prozent (38,2 % - 23,6 % = 14,6 %) ermittelt und zu 61,8 Prozent (61,8 % + 14,6 % = 76,4 %) addiert wird.
100 Prozent	Diese Stufe wird einfach dadurch bestimmt, dass man herausfindet, wo der vorherige Trend begann.

Die Bestimmung aller sechs Stufen des Fibonacci-Retracements bietet einem potenzielle Unterstützungs- und Widerstandsstufen für den Devisenhandel. Diese Fibonacci-Stufen kann man sehr gut auf dem unteren GBP/USD-Tagesdiagramm sehen. Jede der dargestellten Stufen wurde basierend auf den Trends, die mit dem roten Pfeil markiert sind, berechnet. All diese Stufen kann man verwenden, um zu bestimmen, wann man in den Handel ein- und aussteigen sollte, sobald das Währungspaar sich umkehrt und nach unten bewegt.

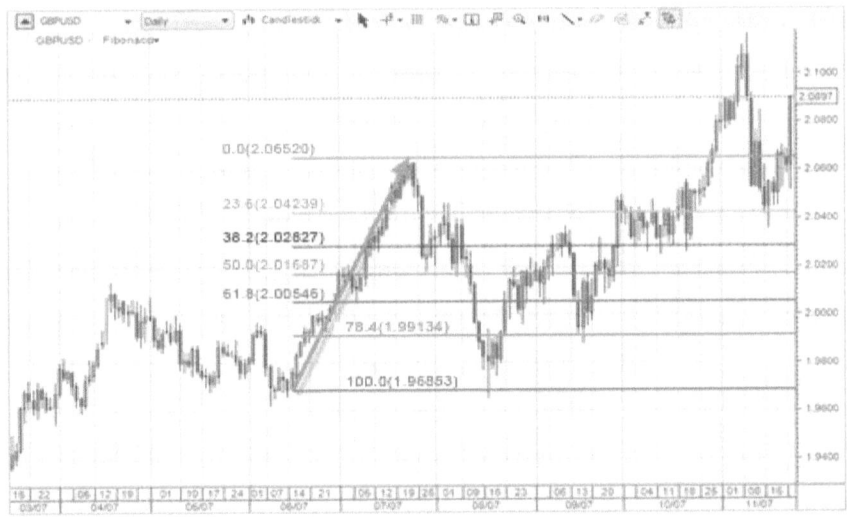

Beachten Sie, wie sich der Kurs des Währungspaares hin und her bewegte und monatelang von diesen Unterstützungs- und Widerstandsstufen abprallte, bis er schließlich Ende Oktober wieder über das durch den vorherigen Trend festgelegte Hoch (auch als Null-Prozent-Stufe bekannt) nach oben schoss.

Die Fibonacci-Prognose

Trends gehen nur selten direkt nach oben oder unten. Zuerst bewegen sich die Trends in eine Richtung, bevor sie sich dann für eine Zeit lang in die entgegengesetzte Richtung bewegen, um dort erneut umzukehren und sich wieder in die erste Richtung zu bewegen. Das ist die natürliche Ebbe und Flut eines Trends.

Wenn ein Währungspaar seinen vorherigen Trend wieder aufnimmt, möchten Forex -Händler natürlich wissen, wie weit sich das Paar höchstwahrscheinlich weiter bewegen wird. Dabei kann die Fibonacci-Prognosestufe helfen. Fibonacci-Verhältnisse sind nützlich, wenn man herausfinden möchte, wie weit sich ein Währungspaar gegenüber einem früheren Trend zurückverfolgen lässt. Die Verhältnisse, die Sie bei Ihrem Devisenhandel verwenden werden, helfen Ihnen dabei, die folgenden Fibonacci-Vorhersagen zu finden:

161.8 Prozent	Diese Stufe wird gefunden, indem eine Zahl in der Fibonacci-Folge durch die folgende Zahl geteilt wird (89 / 55 = 161,8%).
261.8 Prozent	Diese Stufe wird gefunden, indem eine Zahl in der Fibonacci-Folge durch die zweite Zahl geteilt wird (89 / 34 = 261,8%).
423.8 Prozent	Diese Stufe wird gefunden, indem eine Zahl in der Fibonacci-Folge durch die dritte Zahl geteilt wird (89 / 21 = 423.8%).

Die Bestimmung aller drei Fibonacci-Prognosestufen bietet potenzielle Unterstützungs- und Widerstandsstufen, die man für den Devisenhandel nutzen kann.

Diese Fibonacci-Stufen kann man im GBP/USD-Tagesdiagramm sehen. Jede der dargestellten Stufen wurde basierend auf den Trends, die mit dem roten Pfeil markiert sind, berechnet. Jetzt, da der GBP/USD seinen Aufwärtstrend wieder aufgenommen hat, kann man diese Stufe verwenden, um seine Gewinnziele (Ausstiegsstufe) beim Kauf dieses Währungspaares festzulegen.

Beachten Sie, dass das Währungspaar basierend auf dem vorherigen Trend das Potenzial hat, in naher Zukunft auf die Prognosestufe von 161,8 Prozent zu steigen. Wenn diese Stufe erreicht ist, kann man die Prognosestufe von 261,8 Prozent als nächstes Gewinnziel festlegen.

Fibonacci-Fächer

Die Fibonacci-Stufen bieten sowohl diagonale als auch horizontale Unterstützungs- und Widerstandsstufen. Die diagonalen Stufen werden Fibonacci-Fächer genannt. Fibonacci-Fächer basieren auf den drei Fibonacci-Retracement-Stufen 61,8 Prozent, 50 Prozent und 38,2 Prozent. Um einen Fibonacci-Fächer zu bauen, muss man Folgendes tun:

1. Einen Trend identifizieren

2. die drei horizontalen Fibonacci-Stufen (61,8 Prozent, 50

Prozent und 38,2 Prozent) identifizieren und analysieren wie sie sich auf diesen Trend beziehen

3. Eine vertikale Linie ziehen, die diese Stufen an dem Punkt kreuzt, an dem der Trend endete

4. Drei Linien einzeichnen, die jeweils dort beginnen, wo der Trend begann und durch einen separaten Punkt verlaufen, wo die vertikale Linie eine der Fibonacci-Stufen schneidet

Jetzt, wo Sie Ihre Fibonacci-Fächer gezeichnet haben, können Sie sie nutzen, um potenzielle Unterstützungs- und Widerstandsstufen für den Divisenhandel zu projizieren.

Den Fibonacci-Fächer kann man sehr gut auf dem unteren GBP/USD-Tagesdiagramm sehen. Jede der dargestellten Stufen wurde basierend auf den Trends, die mit dem roten Pfeil markiert sind, berechnet. Hier hätte man den Fächer verwenden können , um zu bestimmen, wann man in den Handel ein- und aussteigen sollte, sobald das Währungspaar sich umkehrt und nach unten bewegt.

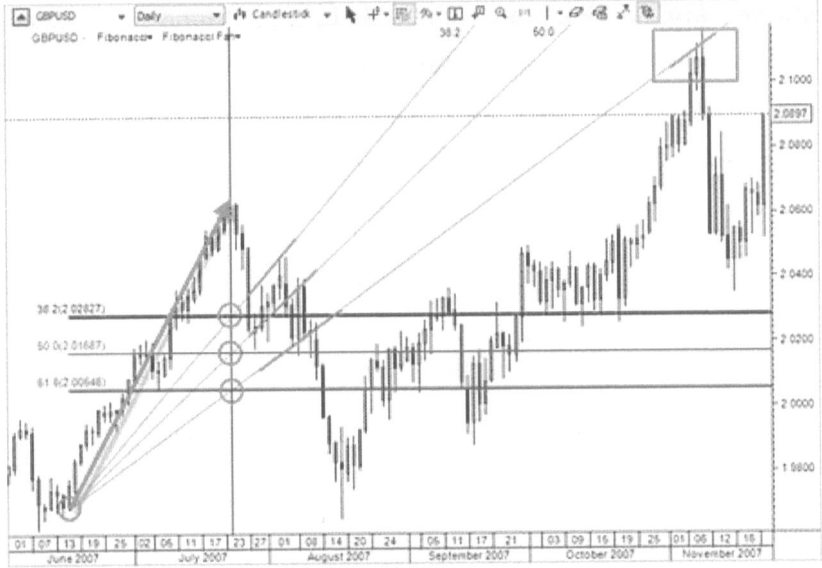

Beachten Sie, wie der Kurs des Währungspaares Anfang August eine Zeit lang von der mittleren Linie des Fibonacci-Fächers abprallte, bevor er diese Stufe durchbrach und einige Tage lang von der unteren Linie des Fächers abprallte. Es ist auch interessant zu sehen, dass die vom Fibonacci-Fächer erzeugten Stufen weit in die Zukunft hineinreichen. Man kann sehen, wie das GBP/USD nach unten abprallte, nachdem es vier Monate später im November die unterste Linie des Fächers getroffen hatte.

Regionales Material: Fibonacci in den USA und Europa

In Osteuropa ist Fibonacci ein beliebtes Instrument zur Trendanalyse für die wichtigsten Forex-Paare, während viele amerikanische Händler es eher nutzen, um Unterstützungs- und Widerstandsstufen zu finden um mit Handelsausbrüchen zu handeln.

In Südeuropa ist Fibonacci ein sehr gebräuchlicher Indikator für erfahrene Händler. Eine beträchtliche Anzahl von Händlern verwendet Fibonacci zur Analyse von Ausbrüchen und hauptsächlich zur Identifizierung von Unterstützungs- und Widerstandsstufen im Devisenhandel.

KAPITEL 5:
Preismuster

Technische Analyse: Preismuster

Händler wählen mit ihrem Geld. Wenn sie glauben, dass ein Währungspaar steigen wird, werden sie es kaufen, und wenn sie glauben, dass sich ein Währungspaar nach unten bewegt, werden sie es verkaufen. Wenn Geld auf dem Spiel steht, werden Händler alles in ihrer Macht Stehende tun, um einen Profit zu erlangen. Häufig bilden die Handlungen dieser Händler ein Kursmuster auf dem Diagramm.

Kursmuster sind Diagrammformationen, die Aufschluss darüber geben, was Devisenhändler bei verschiedenen Preisstufen denken. Wenn Sie diese verschiedenen Preismuster erkennen können, haben Sie einen Vorteil gegenüber Händlern, die nur Fundamentaldaten oder technische Indikatoren verwenden. Stellen Sie sich vor, Sie könnten Handelseintrittspunkte genau identifizieren, sobald ein Währungspaar ausbricht und könnten dann auch noch genauestens projizieren, wie weit sich das Währungspaar bewegen wird, wenn es einmal ausgebrochen ist und sich zu bewegen beginnt. Kursmuster helfen einem dabei und werden in die folgenden zwei Kategorien unterteilt: Fortführungs- und Umkehrmuster.

Fortführungsmuster

Forex-Händler fragen sich häufig: „Wie lange wird dieser Trend anhalten?" Die Entscheidung, ob man mitten in einem Trend in einen neuen Handel einsteigen soll oder ob man einen aktuellen Handel lieber verlässt und seine Gewinne einstreicht, ist schwierig. Man kann nie wissen, ob sich ein Währungspaar umkehren und in die entgegengesetzte Richtung bewegen wird, oder etwa doch? Fortführungsmuster warnen einen früh vor, ob ein Währungspaar seinen Trend nach einer kurzen Konsolidierungsperiode wahrscheinlich fortsetzen und wie weit sich das Währungspaar wahrscheinlich in diese Richtung bewegen wird. Natürlich sind Fortführungsmuster nicht perfekt, aber trotzdem erhöhen sie die Erfolgschancen. Wir werden uns ein paar der bekannten Kursfortführungsmuster ansehen.

Wimpel

Wimpel sind Fortführungsmuster, die sich bilden, wenn sich der Kurs eines Währungspaares in einem immer engeren Konsolidierungsbereich bewegt. Wimpel können – je nachdem, was der Trend vor dem Wimpel war – bullisch oder bärisch sein. Wenn sich ein Währungspaar in einem Aufwärtstrend befand, bevor sich der Wimpel zu bilden begann, handelt es sich um ein bullisches Fortführungsmuster. Aber wenn sich ein Währungspaar in einem Abwärtstrend befand, bevor sich der Wimpel zu bilden begann, handelt es sich um ein bärisches Fortführungsmuster. Wimpel bilden sich gewöhnlich über kürzere Zeiträume und haben alle die folgenden Merkmale:

Widerstandsstufe (A) – sinkende Widerstandsstufe, die sich der Unterstützungsstufe nähert.

Unterstützungsstufe (B) – steigende Unterstützungsstufe, die sich der Widerstandsstufe nähert.

Flagpole (C) – der Trend vor der Bildung des Wimpels. Der sogenannte Flagpole (dt. „Fahnenstange") überspannt die Distanz vom Beginn des Trends bis zum höchsten Punkt des Wimpels (bullischer Wimpel) oder die Distanz vom Beginn des Trends bis zum tiefsten Punkt des Wimpels (bärischer Wimpel).

Ausbruchspunkt (D) – der Punkt, an dem das Währungspaar über der sinkenden Widerstandsstufe ausbricht (bullischer Wimpel) oder der Punkt, an dem das Währungspaar unter der sinkenden Unterstützungsstufe zusammenbricht (bärischer Wimpel).

Preis-Prognose (E) – der Preis, auf den das Währungspaar am wahrscheinlichsten fallen wird, nachdem es aus der Wimpelformation ausgebrochen ist (bärischer Wimpel) oder der Preis, auf den das Währungspaar am wahrscheinlichsten steigen wird, nachdem es aus der Wimpelformation ausgebrochen ist (bullischer Wimpel). Die Entfernung, um die sich das Währungspaar voraussichtlich bewegen wird, entspricht der Höhe der Fahnenstange.

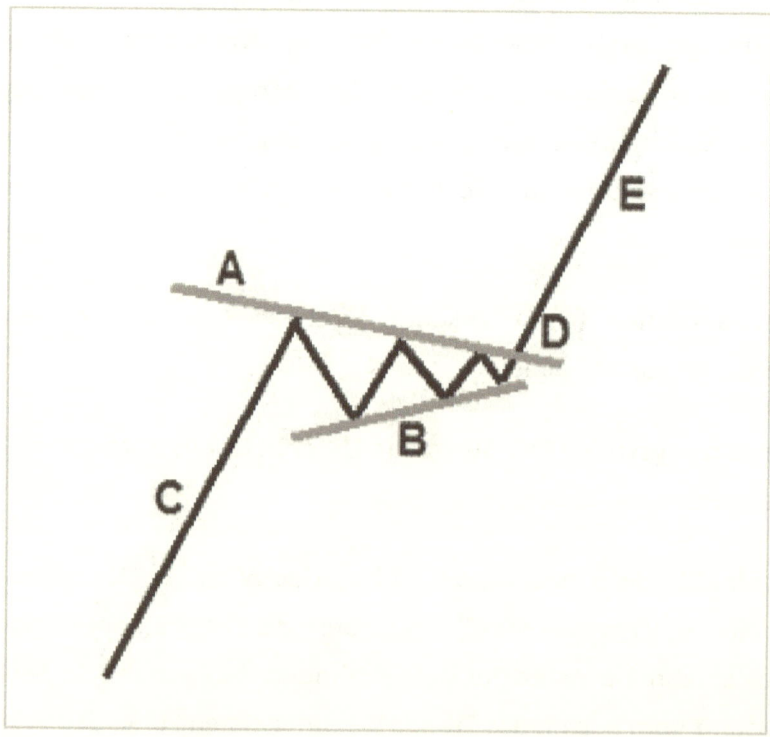

Flaggen

Flaggen sind Fortführungsmuster, die sich bilden, wenn sich der Preis eines Währungspaares von dem vorherrschenden Trend in einen parallelen Kanal zurückzieht. Flaggen können entweder aufwärts oder abwärts gerichtet sein, je nachdem, wie der Trend war, bevor sich die Flagge zu bilden begann. Wenn sich ein Währungspaar in einem Aufwärtstrend befand, bevor sich die Flagge zu bilden begann, handelt es sich um ein bullisches Fortführungsmuster, während sich ein Währungspaar, das sich in einem Abwärtstrend befand, bevor sich die Fahne zu bilden begann, ein bärisches Fortführungsmuster ausmacht. Flaggen bilden sich gewöhnlich über kürzere Zeiträume und haben die folgenden fünf Merkmale:

Widerstandsstufe (A) - eine sinkende Widerstandsstufe, die parallel zur Unterstützungsstufe verläuft (bullische Flagge) oder eine steigende Widerstandsstufe, die parallel zur Unterstützungsstufe verläuft (bärische Flagge).

Unterstützungsstufe (B) - eine sinkende Unterstützungsstufe, die parallel zur Widerstandsstufe verläuft (bullische Flagge) oder eine steigende Unterstützungsstufe, die parallel zur Widerstandsstufe verläuft (bärische Flagge).

Flagpole (C) - der Trend vor der Bildung der Flagge. Die Fahnenstange erstreckt sich über die Entfernung vom Beginn des Trends bis zum höchsten Punkt der Fahne (bullische Fahne) oder bis zum tiefsten Punkt der Fahne (bärische Fahne).

Ausbruchspunkt (D) - der Punkt, an dem das Währungspaar über der sinkenden Widerstandsstufe ausbricht (bullisch Flagge), oder der

Punkt, an dem das Währungspaar unterhalb der aufsteigenden Unterstützungsstufe ausbricht (bärische Flagge).

Preis-Prognose (E) - der Preis, auf den das Währungspaar höchstwahrscheinlich fallen wird, nachdem es aus der Flaggenformation ausgebrochen ist (bärische Flagge) oder der Preis, auf den das Währungspaar höchstwahrscheinlich steigen wird, nachdem es aus der Flaggenformation ausgebrochen ist (bullische Flagge). Die Entfernung, um die sich das Währungspaar voraussichtlich bewegen wird, entspricht der Höhe der Fahnenstange.

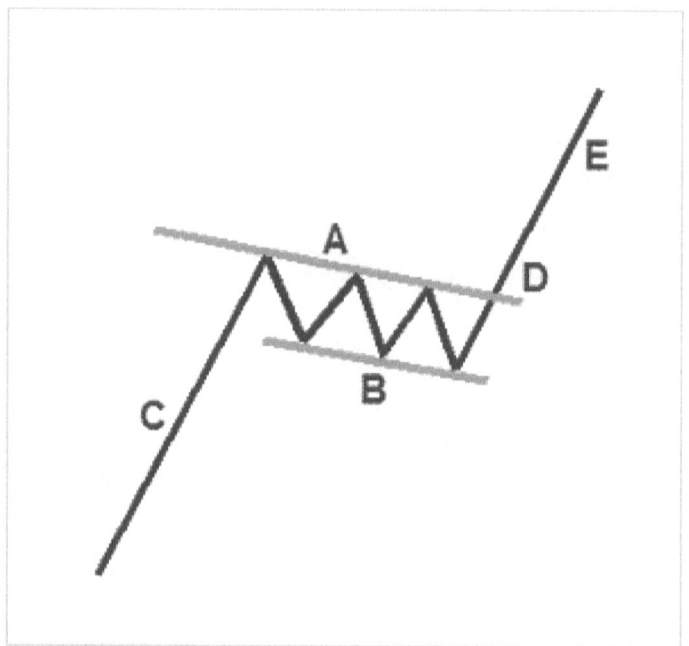

Dreiecke

Dreiecke sind Fortführungsmuster, die sich bilden, wenn der Kurs eines Währungspaares auf eine flache Unterstützungs- oder Widerstandsstufe trifft und beginnt, sich in einen immer engeren

Konsolidierungsbereich zu bewegen. Dreiecke können bullisch oder bärisch sein, je nachdem, wie der Trend war, bevor sich das Dreieck zu bilden begann. Befand sich ein Währungspaar in einem Aufwärtstrend, bevor sich das Dreieck zu bilden begann, handelt es sich um ein bullisches Fortführungsmuster, während es sich beim Abwärtstrend um ein bärisches Fortführungsmuster handelt. Dreiecke bilden sich gewöhnlich über längere Zeiträume und haben alle die folgenden Merkmale:

Widerstandsstufe (A) - geradlinige Widerstandsstufe (bullisches oder aufsteigendes Dreieck) oder eine abwärts tendierende Widerstandsstufe, die mit der Unterstützungsstufe konvergiert (absteigendes Dreieck).

Unterstützungsstufe (B) - aufsteigende Unterstützungsstufe, die mit der Widerstandsstufe konvergiert (bullisches oder aufsteigendes Dreieck) oder eine geradlinige Unterstützungsstufe (bullisches oder absteigendes Dreieck).

Flagpole (C) - der Trend vor der Bildung des Dreiecks. Die Fahnenstange erstreckt sich vom Beginn des Trends bis zum höchsten Punkt des Dreiecks (bullisches oder aufsteigendes Dreieck) oder vom Beginn des Trends bis zum tiefsten Punkt des Dreiecks (bärisches oder absteigendes Dreieck).

Ausbruchspunkt (D) - der Punkt, an dem das Währungspaar über die horizontale Widerstandsstufe ausbricht (bullisches oder aufsteigendes Dreieck) oder der Punkt, an dem das Währungspaar unter die horizontale Unterstützungsstufe fällt (bärisches oder absteigendes Dreieck).

Preis-Prognose (E) – der Preis, auf den das Währungspaar höchstwahrscheinlich fallen wird, nachdem es aus der Dreiecksformation ausgebrochen ist (bärisches oder absteigendes Dreieck) oder der Preis, auf den das Währungspaar höchstwahrscheinlich steigen wird, nachdem es aus der Dreiecksformation ausgebrochen ist (bullisches oder aufsteigendes Dreieck). Die Entfernung, um die sich das Währungspaar voraussichtlich bewegen wird, entspricht der Höhe der Fahnenstange.

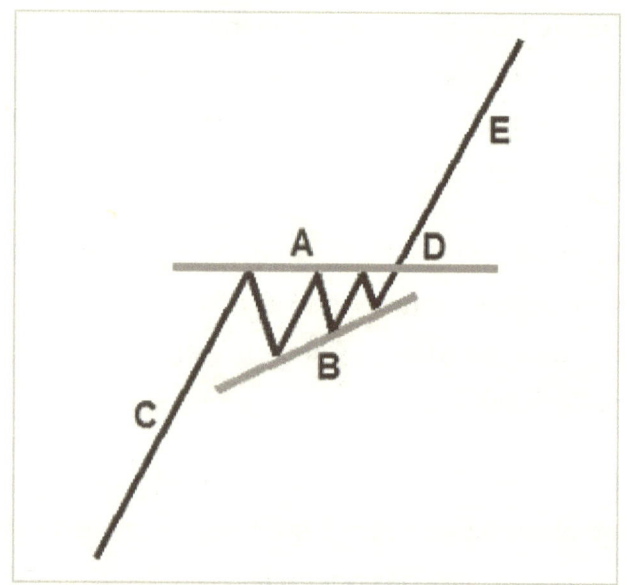

Umkehrmuster

Wie bereits erwähnt stellen sich Devisenhändler oft die Frage: „Wie lange wird der Trend anhalten?" Die Entscheidung, ob ein Trend vorbei ist und ob es an der Zeit ist, gegen den vorherigen Trend zu handeln, ist schwierig. Man weiß nie zu 100%, ob ein Währungspaar umkehren und in die entgegengesetzte Richtung verlaufen wird. Umkehrmuster geben in diesem Fall einen frühen Hinweis darauf, wann ein

Währungspaar wahrscheinlich umkehren und einen neuen Trend beginnen wird und wie weit sich das Währungspaar wahrscheinlich in die entgegengesetzte Richtung bewegen wird. Dazu sehen wir uns die folgenden Preisumkehrmuster an:

Double Tops und Double Bottoms

Double Tops und Double Bottoms (dt. „Doppelte Ober- und Untergrenzen") sind Umkehrmuster, die sich bilden, wenn der Kurs eines Währungspaares zweimal auf eine Unterstützungs- oder Widerstandsstufe trifft, bevor sich das Paar in die entgegengesetzte Richtung bewegt. Double Tops sind bärische Umkehrmuster, während Double Bottoms bullische Umkehrmuster darstellen. Wenn sich ein Währungspaar in einem Aufwärtstrend befindet, bildet sich ein Double Top, und wenn sich ein Währungspaar in einem Abwärtstrend befindet, bildet es ein Double Bottom. Double Tops und Double Bottoms bilden sich gewöhnlich über längere Zeiträume und haben die folgenden Merkmale:

Widerstandsstufe (A) – horizontale Widerstandsstufe

Unterstützungsstufe (B) – horizontale Unterstützungsstufe

Ausbruchspunkt (C) - der Punkt, an dem das Währungspaar oberhalb der horizontalen Widerstandsstufe ausbricht (Double Bottom) oder der Punkt, an dem das Währungspaar unterhalb der horizontalen Unterstützungsstufe ausbricht (Double Top).

Preis-Prognose (D) - der Preis, auf den das Währungspaar am wahrscheinlichsten fallen wird, nachdem es aus der Double-Top-Formation ausgebrochen ist oder der Preis, auf den das Währungspaar am wahrscheinlichsten steigen wird, nachdem es aus der Double-Bottom-Formation ausgebrochen ist.

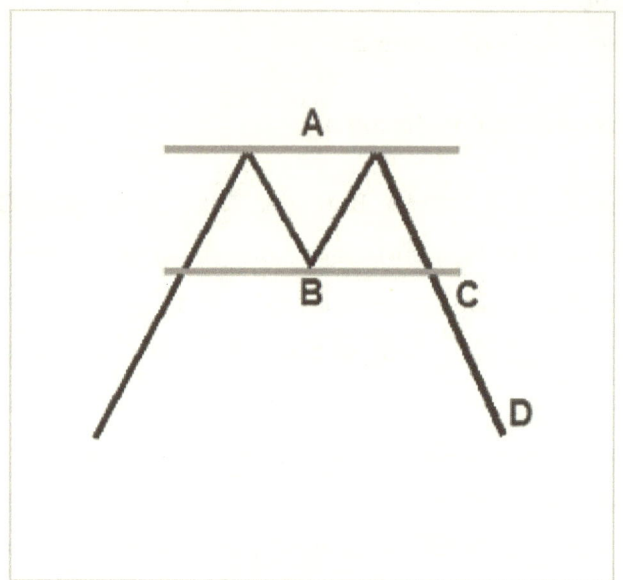

Triple Tops und Triple Bottoms

Triple Tops und Triple Bottoms (dt. „Dreifache Ober- und Untergrenzen") sind Umkehrmuster, die sich bilden, wenn der Kurs eines Währungspaares dreimal auf eine Unterstützungs- oder Widerstandsstufe trifft, bevor das Währungspaar umkehrt und sich in die entgegengesetzte Richtung bewegt. Triple Tops sind bärische Umkehrmuster, während Triple Bottoms bullische Umkehrmuster sind. Wenn sich ein Währungspaar in einem Aufwärtstrend befindet, bildet es einen Triple Top, und wenn sich ein Währungspaar in einem Abwärtstrend befindet, bildet es ein Triple Bottom. Triple Tops und Triple Bottoms bilden sich typischerweise über längere Zeiträume und haben alle die folgenden Merkmale:

Widerstandsstufe (A) – horizontaler oder leicht geneigter Widerstandsgrad.

Unterstützungsstufe (B) – horizontaler oder leicht geneigter Unterstützungsgrad.

Ausbruchspunkt (C) – der Punkt, an dem das Währungspaar über die horizontale Widerstandsstufe ausbricht (Triple Bottom) oder der Punkt, an dem das Währungspaar unter die horizontale Unterstützungsstufe ausbricht (Triple Top).

Preis-Prognose (D) – der Preis, auf den das Währungspaar am wahrscheinlichsten fallen wird, nachdem es aus der Triple Top-Formation ausgebrochen ist oder der Preis, auf den das Währungspaar am wahrscheinlichsten steigen wird, nachdem es aus der Triple-Bottom-Formation ausgebrochen ist.

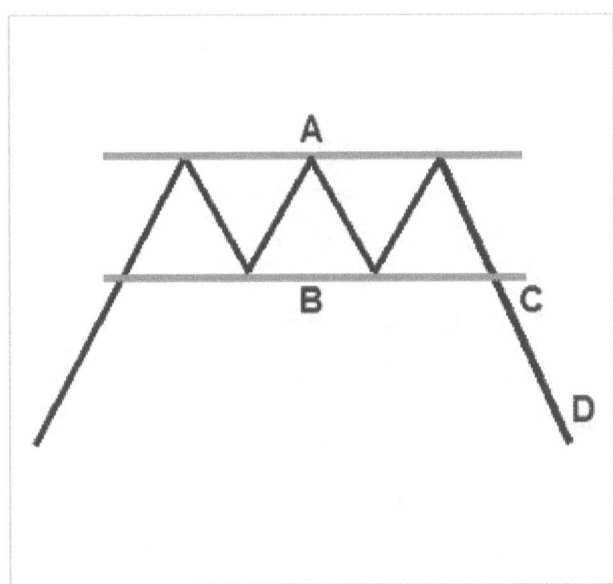

Head and Shoulder Tops/Bottoms

Head and Shoulder Tops (dt. „Kopf- und Schulterspitzen") sind Umkehrmuster, die sich bilden, wenn der Kurs eines Währungspaares eine Widerstandsstufe erreicht (und die erste Schulter bildet), dann die erste Widerstandsstufe durchbricht und eine höhere Widerstandsstufe erreicht (und den Kopf bildet), befor sie wieder zur ersten Widerstandsstufe zurückkehrt (und die zweite Schulter bildet).

Head and Shoulder Bottoms sind dagegen Umkehrmuster, die sich bilden, wenn der Kurs eines Währungspaares eine Widerstandsstufe erreicht (und die erste Schulter bildet), dann die erste Widerstandsstufe durchbricht und eine niedrigere Widerstandsstufe erreicht (und den Kopf bildet), bevor sie wieder zur ersten Widerstandsstufe zurückkehrt (und die zweite Schulter bildet).

Head and Shoulder Tops sind bärische Umkehrmuster, während Head and Shoulder Bottoms bullische Umkehrmuster sind. Wenn sich ein Währungspaar in einem Aufwärtstrend befindet, bildet es ein Head and Shoulder Top und bei einem Abwärtstrend handelt es sich um einen Head and Shoulder Bottom. Sie bilden sich gewöhnlich über lange Zeiträume und weisen alle die folgenden fünf Merkmale auf:

Linke Schulter (A) - horizontal, Widerstandsstufe (Head and Shoulders Top) oder eine horizontale/leicht angewinkelte Unterstützungsstufe (Head and Shoulders Bottom).

Kopf (B) - eine höhere horizontale Widerstandsstufe (Head and Shoulders Top) oder eine niedrigere horizontale/ leicht abgewinkelte Unterstützungsstufe (Head and Shoulders Bottom).

Rechte Schulter (C) – eine horizontale/leicht angewinkelte Widerstandsstufe, die mit der linken Schulter übereinstimmt (Head and Shoulders Top) oder eine horizontale Unterstützungsstufe, die mit der linken Schulter übereinstimmt (Head and Shoulders Bottom).

Hals (D) – eine horizontale/leicht angewinkelte Unterstützungsstufe (Head and Shoulders Top) oder eine horizontale/leicht angewinkelte Widerstandsstufe (Head and Shoulders Bottom).

Ausbruchspunkt (E) – der Punkt, an dem das Währungspaar oberhalb der Halslinie ausbricht (Head and Shoulders Bottom) oder der Punkt, an dem das Währungspaar unterhalb der Halslinie ausbricht (Head and Shoulders Top).

Preis-Prognose (F) – der Preis, auf den das Währungspaar am wahrscheinlichsten fallen oder steigen wird, nachdem es aus der Head-and-Shoulders-Formation ausgebrochen ist. Die voraussichtliche Entfernung, um die sich das Währungspaar bewegen wird, ist gleich der Entfernung zwischen Kopf und Hals.

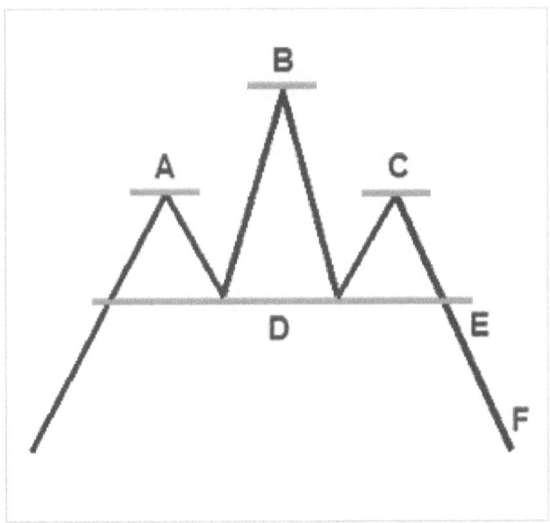

KAPITEL 6:
Verwendung mehrerer Zeitrahmen

Der Handel mit mehreren Zeitrahmen

Am Forex-Markt handeln Händler mit praktisch jeder Kontogröße und Risikotoleranz. Zu jeder beliebigen Zeit sehen sich kurzfristige Scalper und langfristige Fundamentalanalyse-Händler die gleichen Währungspaare an und versuchen herauszufinden, wie sie ihre Geschäfte platzieren oder anpassen können. Aber auch wenn sie sich die gleichen Währungspaare ansehen, verfügen sie nicht über die gleichen Diagramm-Zeitrahmen. Kurzzeit-Händler schauen zum Beispiel eher auf 5- bis 15-Minuten-Diagramme, während Langzeit-Händler höchstwahrscheinlich auf Tages- bis Monats-Diagramme schauen.

Trends, Unterstützungs- und Widerstandslinien sowie technische Indikatoren sehen auf einem 1-Minuten-Diagramm ganz anders aus als auf einem Tagesdiagramm. Man kann sich bspw. ein 1-Minuten-Diagramm von EUR/USD ansehen und feststellen, dass sich das Paar in einem Abwärtstrend zu befinden scheint, aber wenn man das Diagramm an eine tägliche Einstellung anpasst, kann man vielleicht sehen, dass sich das Währungspaar seit Wochen in einem Aufwärtstrend befindet. Welches Diagramm ist also das Richtige? Befindet sich EUR/USD in einem Aufwärts- oder doch eher in einem Abwärtstrend? .... das hängt von Ihrem Handelszeitrahmen ab.

Forex-Händler tendieren eher zum langfristigen Trend, da er mehr Zeit hatte, sich zu etablieren und einen großen Ausbruch erfordert, um die Richtung zu ändern. Wenn Sie sehen, dass sich die Fundamentaldaten für eine Währung ändern oder eine Nachrichtenmeldung eine Währung betrifft, können Sie natürlich gegen den langfristigen Trend handeln, wenn Sie ein gutes Risikomanagement anwenden. Sie sollten immer auf Trends und die Unterstützungs- und Widerstandsstufen über mehrere Zeiträume hinweg achten, damit Sie erkennen können, wie stark die verschiedenen Trends sind. Die Verwendung mehrerer Zeitrahmen im Diagramm hilft daher bei der Feinabstimmung Ihrer technischen Analyse.

Die folgenden drei Diagramme sollten in Ihrer technischen Analyse vorhanden sein: Trend-Diagramm (langfristig), Signal-Diagramm, Zeitrahmen-Diagramm (kurzfristig). Nachdem Sie jeden Zeitrahmen analysiert haben, können Sie sie kombinieren, um eine hohe Wahrscheinlichkeit zu erlangen.

Das Trend-Diagramm

Mit einem Trend-Diagramm kann man den Haupttrend identifizieren, mit dem man handeln sollte. Wenn das Währungspaar im Trend-Diagramm einen Aufwärtstrend aufweist, sollte man versuchen, das Paar zu kaufen, während man es im Abwärtstrend verkaufen sollte. Um den Zeitrahmen für das Trend-Diagramm bestimmen zu können, muss man zunächst den Zeitrahmen bestimmen, den man normalerweise für seine Handels-(Signal-)Diagramme verwendet. Sobald dieser Zeitrahmen identifiziert ist, kann man herausfinden, welchen Zeitrahmen man für das Trend-Diagramm verwenden sollte. Im Folgenden finden Sie eine Liste der gängigsten Signaldiagramm-Zeitrahmen, die Sie verwenden können, um einen geeigneten Zeitrahmen für Ihr Trend-Diagramm zu ermitteln:

1-minütiges Signaldiagramm	=	15- bis 30-minütiges Trend-Diagramm
5-minütiges Signaldiagramm	=	1-stündiges Trend-Diagramm
15-30-minütiges Signaldiagramm	=	4-stündiges Trend-Diagramm
1-stündiges Signaldiagramm	=	1-tägiges Trend-Diagramm
1-tägiges Signaldiagramm	=	1-wöchiges Trend-Diagramm
1-wöchiges Signaldiagramm	=	1-monatiges Trend-Diagramm

Wenn man EUR/USD typischerweise mit Blick auf einem 1-stündigen Diagramm handelt, sollte man ein 1-tägiges Trend-Diagramm verwenden. Wenn Sie EUR/USD dagegen mit Blick auf ein 15-Minuten-Diagramm handeln, sollte man ein 4-stündiges Trend-Diagramm verwenden.

Sobald Sie den Zeitrahmen für Ihr Trend-Diagramm festgelegt haben, brauchen Sie nur noch den vorherrschenden Trend auf dem Diagramm zu bestimmen. Dazu können diagonale Unterstützungs- und Widerstandsstufen oder gleitende Durchschnitte verwendet werden, um den Trend zu identifizieren. Auf unserem wöchentlichen EUR/USD-Diagramm kann man sehen, dass sowohl die diagonale Unterstützungsstufe als auch der gleitende Durchschnitt anzeigen, dass sich dieses Währungspaar in einem Aufwärtstrend befindet.

Wenn es in Ihrem Trend-Diagramm einen Aufwärtstrend gibt, sollten Sie nach Kaufsignalen im Signaldiagramm Ausschau halten, sowie nach Verkaufssignalen bei einem Abwärtstrend. Sobald Sie den Trend identifiziert haben, müssen Sie nun nach profitablen Handelssignalen Ausschau halten.

Das Signaldiagramm

Das Signaldiagramm ist das wichtigste Diagramm, denn dieses gute Stück liefert die Handelssignale, die einem sagen, wann man – basierend auf dem verwendeten Handelssystem – nach Kauf- und Verkaufsmöglichkeiten Ausschau halten sollte. Wenn man beispielsweise den Commodity Channel Index (CCI) verwendet, um Handelssignale zu identifizieren, nimmt man dazu das Signaldiagramm. Den Indikator des Trend-Diagramms braucht man in diesem Falle nicht.

Die Verwendung eines Signaldiagramms zusammen mit einem Trenddiagramm ermöglicht eine genauere Identifizierung von potentiell profitablen Handelssignalen. Wenn Ihr Trend-Diagramm bspw. anzeigt, dass sich das Währungspaar in einem Aufwärtstrend befindet, sollten Sie in Ihrem Signaldiagramm nur nach Kaufsignalen Ausschau halten. Am besten profitiert man von einem längerfristigen Aufwärtstrend, wenn man das Währungspaar kauft. Und wenn das Trend-Diagramm anzeigt, dass sich das Währungspaar in einem Abwärtstrend befindet, sollte man im Signaldiagramm nur nach Verkaufssignalen Ausschau halten, denn bei einem längerfristigen Abwärtstrend profitiert man am meisten vom Verkauf des Währungspaares.

Mit dem Trend-Diagramm kann man die weniger profitablen Handelssignale auf dem Signaldiagramm getrost ignorieren. Da diese Handelssignale gegen den längerfristigen Trend verlaufen, sind sie höchstwahrscheinlich unprofitabel.

Und jetzt, wo Sie Ihre Handelssignale identifiziert haben, müssen Sie mit Hilfe Ihres Timing-Diagramms genau bestimmen, wann Sie in Ihre Handelsgeschäfte ein- und aussteigen.

Das Zeitdiagramm

Das Timing-Diagramm hilft Ihnen, genau zu bestimmen, wann Sie in einen Handel einsteigen und wieder aussteigen sollten. Für einen Forex-Händler zählt jeder Pip. Je genauer Sie also mit Ihren Ein- und Ausstiegspunkten sind, desto mehr Gewinn erzielen Sie. Im Folgenden finden Sie eine Liste der üblichen Zeitrahmen für Signaldiagramme, die Sie verwenden können, um den besten Zeitrahmen für Ihr Timing-Diagramm zu ermitteln:

1-minütiges Signaldiagramm	=	Sekundendiagramm
5-minütiges Signaldiagramm	=	1-minütiges Zeitdiagramm
15-30-minütiges Signaldiagramm	=	5-minütiges Zeitdiagramm
1-stündiges Signaldiagramm	=	15-minütiges Zeitdiagramm
1-tägiges Signaldiagramm	=	1-stündiges Zeitdiagramm
1-wöchiges Signaldiagramm	=	1-tägiges Zeitdiagramm

Sie können eine der zwei folgenden Methoden verwenden, wenn Sie Ihre Ein- und Ausstiegssignale auf Ihren Zeitdiagrammen festlegen:

1. Identifizierung des Trends einschließlich Unterstützungs- und Widerstandsstufen

2. Verwendung des gleichen technischen Indikators wie zur Erzeugung der Handelssignale

Identifizieren Sie den Trend inkl. Unterstützung und Widerstand, wenn Sie ein Kaufsignal auf Ihrem Signaldiagramm sehen. Das Währungspaar sollte im Zeitdiagramm in einem Aufwärtstrend zu sehen sein, während der Kurs des Paares näher an der Unterstützung als am Widerstand liegt. Dies sagt Ihnen, dass es noch Spielraum nach oben gibt, bevor das Paar auf den Widerstand trifft. Wenn es natürlich gerade erst den Widerstand durchbrochen hat, könnte es sich durchaus weiter nach oben bewegen.

Wenn Sie einen technischen Indikator wie den Commodity Channel Index (CCI) für Ihr Signaldiagramm verwenden, um Kauf- und Verkaufssignale zu generieren, können Sie denselben Indikator auch in Ihrem Zeitdiagramm verwenden, um zu erkennen, wann Sie in Ihren Handel ein- oder aussteigen sollten. Wenn Sie bspw. den CCI in Ihrem Signaldiagramm verwenden und er Ihnen ein Kaufsignal gibt, würden Sie den CCI zu Ihrem Zeitdiagramm hinzufügen und sicherstellen, dass er Ihnen auch dort ein Kaufsignal gibt. Wenn der CCI kein Kaufsignal im Zeitdiagramm gibt, sollten Sie warten, bis sie ein Kaufsignal im Zeitdiagramm sehen, bevor Sie in den Handel einsteigen.

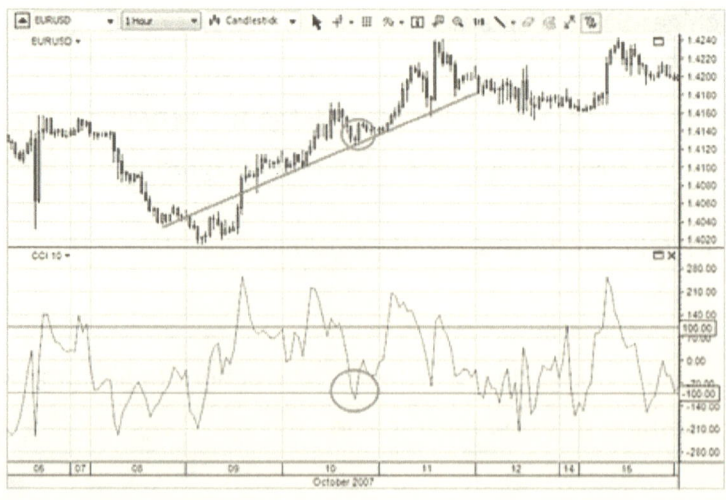

KAPITEL 7:
Hochwahrscheinlicher Handelsaufbau

Hochwahrscheinlicher Handelsaufbau

Werfen wir nun einen Blick darauf, wie ein Handelsaufbau mit einer hohen Wahrscheinlichkeit aussieht, wenn man den Handelsansatz mit mehreren Zeitrahmen verwendet. Als Beispielanalyse verwenden wir den EUR/USD-Handel mit einem Wochendiagramm als Trend-Diagramm, einem Tagesdiagramm als Signaldiagramm und ein 1-stündiges Diagramm als Zeitdiagramm.

Zunächst überprüfen Sie Ihr Trend-Diagramm, um zu sehen, in welche Richtung die Währung tendiert. Wie Sie auf dem EUR/USD-Wochendiagramm sehen können, befindet sich das Währungspaar seit geraumer Zeit in einem Aufwärtstrend – daher wäre es unklug, diesem Trend zu trotzen und m zu versuchen, EUR/USD zu verkaufen.

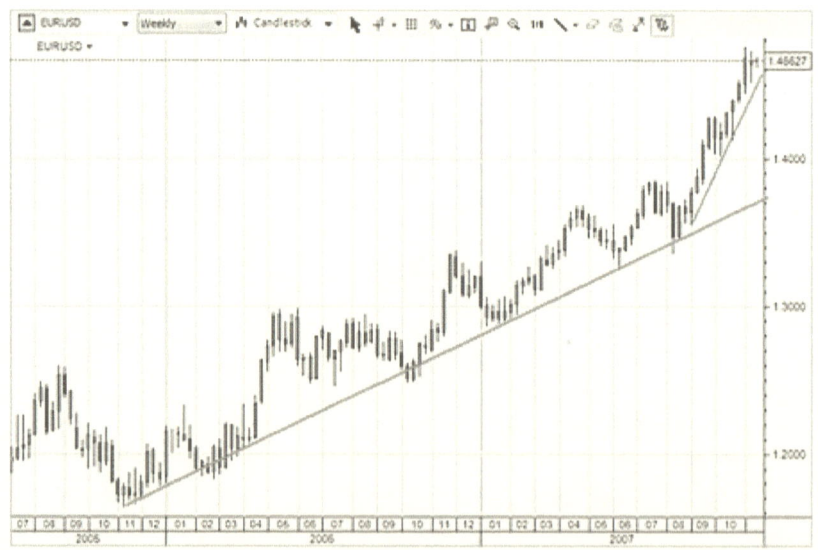

Als nächstes sehen Sie sich das Signaldiagramm an, um ein gutes Kaufsignal für EUR/USD zu erkennen. In diesem Beispiel betrachten wir die Verwendung des Commodity Channel Index (CCI) zur Erzeugung des Handelssignals. Auf dem Tagesdiagramm für EUR/USD kann man sehen, dass der CCI am 10. Oktober ein Kaufsignal gab, als er von unter -100 auf über -100 anstieg. Auf dem Tagesdiagramm bewegte sich der Trend ebenfalls nach oben.

Abschließend sehen Sie sich das Zeitdiagramm an, um einen geeigneten Zeitpunkt für den Kauf von EUR/USD zu bestimmen. Auf dem 1-Stunden-Diagramm für EUR/USD können Sie sehen, dass sich das Währungspaar zu dem Zeitpunkt, an dem das Handelssignal im Signaldiagramm erschienen ist, in einem Aufwärtstrend befindet. Außerdem kann man im 1-stündigen Diagramm sehen, dass der CCI ungefähr zur gleichen Zeit ein Kaufsignal gegeben hat.

Wenn Sie sehen, dass das Handelssignal vom Signaldiagramm gut mit dem Trend auf dem Trend-Diagramm und der Währungsbewegung auf dem Zeitdiagramm übereinstimmt, sollten Sie mehr Vertrauen in die Wahrscheinlichkeit haben, dass Ihr Handel Geld einbringt. Bei mehreren Zeitrahmen erhält man in der Regel noch genauere Handelsinformationen.

KAPITEL 8:
Intermarket–Beziehungen

Intermarket-Beziehungen

Der Devisenmarkt ist der liquideste Finanzmarkt. Zwar kann kein anderer Finanzmarkt mit der Größe des Forex-Marktes konkurrieren, aber dennoch beeinflussen die anderen Märkte den Forex-Markt. Zum Beispiel kann der US-Anleihenmarkt den Wert des US-Dollars (USD) ebenso beeinflussen wie der kanadische Aktienmarkt den Wert des kanadischen Dollars (CAD).

Um ein erfolgreicher Devisenhändler zu werden, müssen Sie die Beziehungen verstehen, die zwischen den Finanzmärkten der Welt bestehen und wie diese Beziehungen die Währungspaare, mit denen Sie handeln, beeinflussen können. Mit ein wenig Aufmerksamkeit kann man häufig frühzeitig erkennen, was auf dem Devisenmarkt passieren wird und was auf anderen Finanzmärkten geschieht. Wenn Sie z.B. sehen, dass der Wert von Gold schnell steigt, können Sie nach einem ähnlichen Anstieg des AUD/USD-Wertes suchen. Sobald Sie wissen, worauf Sie achten müssen, können Sie von den ähnlichen Korrelationen profitieren, die die großen institutionellen Anleger beobachten. Wir werden uns nun darauf konzentrieren, wie die folgenden Märkte den Devisenmarkt beeinflussen: Rohstoffmarkt, Anleihenmarkt, Aktienmarkt.

Der Rohstoffmarkt in Bezug auf den Devisenmarkt

Die weltweite Nachfrage nach Rohstoffen hat den Rohstoffmarkt und den Devisenmarkt enger miteinander verbunden. Praktisch jede Volkswirtschaft auf der ganzen Welt muss diverse Rohstoffe importieren, sodass die Importeure ihre Währung gegen die Währung der Wirtschaft eintauschen müssen, aus der die Waren importiert werden sollen. Diese Transaktion treibt die Nachfrage nach der

Währung des Exporteurs in die Höhe, was zugleich den Wert dieser Währung erhöht. Diese Transaktion senkt zudem den Wert der Währung des Importeurs.

Der kanadische Dollar (CAD), der australische Dollar (AUD) und der neuseeländische Dollar (NZD), sind eng an den Warenwert gebunden, da sie wichtige Rohstoffexporteure sind. Wenn die Rohstoffpreise steigen, steigt normalerweise auch der Wert dieser Währungen, genauso wie der Wert der Währungen im Normalfall sinkt, wenn der Preis von Rohstoffen fällt. Jede dieser Warenwährungen wird von verschiedenen Waren unterschiedlich beeinflusst. Zum Beispiel ist der australische Dollar mit Gold korreliert. Wenn der Goldpreis steigt, steigt auch der Wert des australischen Dollars – und umgekehrt: Wenn der Goldpreis sinkt, sinkt auch der Wert des australischen Dollars. Diese Korrelation ist zwar nicht perfekt, aber dennoch lohnt es sich, darauf zu achten.

Wenn Sie die Ereignisse auf dem Rohstoffmarkt in den nächsten Jahren aufmerksam verfolgen, können Sie mit dem Devisenhandel Gewinne erzielen. Seien Sie allerdings darauf vorbereitet, nicht nur von den Währungen zu profitieren, die bei steigenden Rohstoffpreisen stärker werden, sondern auch von den Währungen, die schwächer werden.

Der Anleihemarkt in Bezug auf den Devisenmarkt

Der globale Anleihemarkt ist nach dem Devisenmarkt der zweitgrößte Finanzmarkt der Welt. Regierungen, Institutionen und Privatanleger nehmen alle aktiv am globalen Anleihemarkt teil, und jeder dieser Marktteilnehmer hat das gleiche Ziel: Gewinne!

Staatsanleihen machen den größten Prozentsatz des globalen Anleihemarktes aus. Diese Anleihen werden in der Regel als risikofreie Investitionen angesehen, weil sie durch den vollen guten Willen und Glauben der nationalen Regierungen gestützt werden. Allerdings sind nicht alle Staatsanleihen gleich geschaffen, denn einige Regierungen zahlen für ihre Anleihen einen höheren Zinssatz als andere. Internationale Investoren berücksichtigen diese Zinssätze, wenn sie entscheiden, wo sie ihr Geld investieren wollen. In der Regel sind Anleihen mit höheren Zinssätzen für Investoren attraktiver, solange die Volkswirtschaften, die hinter den Anleihen stehen, relativ stabil sind.

Investoren, die Staatsanleihen kaufen möchten, müssen diese Anleihen mit der Währung der vertretenen Regierung kaufen. Wenn internationale Investoren US-Staatsanleihen kaufen möchten, tauschen sie zunächst ihre Währungen in US-Dollar (USD) um. Diese erhöhte Nachfrage nach US-Dollar (USD) treibt den Wert des USD in die Höhe. Gleichzeitig treibt das erhöhte Angebot an internationalen Währungen auf dem Markt den Wert dieser Währungen nach unten.

Wenn Sie wissen, welche Regierungen höhere Zinssätze für ihre Staatsanleihen anbieten und welche Anleihen bei internationalen Anlegern an Beliebtheit gewinnen, wissen Sie, welche Währungen Sie kaufen und welche Sie verkaufen müssen.

Der Aktienmarkt in Bezug auf den Devisenmarkt

Auf der ganzen Welt scheinen einzelne Anleger die Aktienmärkte so genau zu beobachten wie keinen anderen Markt. Aktien sind spannend – schließlich gibt es sie schon eine ganze Weile, und die meisten Einzelanleger können sich mit den Unternehmen identifizieren, von denen sie Aktien kaufen. Wenn die Zeiten auf dem Aktienmarkt gut sind, fließt Geld ein, aber genauso fließt das Geld auch wieder dahin, wenn die Zeiten an der Börse schlecht sind.

Durch die Globalisierung ist es für Investoren jetzt einfacher, in die Aktienmärkte anderer Länder zu investieren. Wenn die Anleger sehen, dass sich die Aktien in den Vereinigten Staaten gut entwickeln, werden sie sich sicherlich beeilen, um diese Aktien zu kaufen. Wenn sie dann jedoch sehen, dass sich die Aktien in Japan besser entwickeln als die Aktien in Europa, werden sie ihr Geld aus Europa zurückziehen und in Japan investieren. Aktien werden in der Währung der Wirtschaft gehandelt, zu der sie gehören. Um in Aktien in den Vereinigten Staaten zu investieren, müssen ausländische Anleger ihre Währung daher zunächst in US-Dollar (USD) umrechnen. Diese erhöhte Nachfrage nach US-Dollars treibt den Wert des USD in die Höhe. Gleichzeitig treibt das erhöhte Angebot an internationalen Währungen auf dem Markt den Wert dieser Währungen nach unten.

Forex-Anleger beobachten genau, wie sich die Aktienmärkte entwickeln. Wenn der Aktienmarkt in einem Land beginnt, sich besser zu entwickeln als der Aktienmarkt in einem anderen Land, wissen Forex-Anleger, dass andere Investoren ihr Geld wahrscheinlich aus dem Land mit dem schwächeren Aktienmarkt in das Land mit dem stärkeren Markt verschieben werden. Dies treibt den Wert der Währung für das Land mit dem stärkeren Aktienmarkt nach oben und den Wert der Währung für das Land mit dem schwächeren Markt nach unten. Wenn man dann die Währung aus dem Land mit dem stärkeren Markt kauft und die Währung im Land mit dem schwächeren Markt verkauft, kann man potenziell einen schönen Gewinn erzielen.

KAPITEL 9:
Grundlagen der Analyse

Wirtschaftliche Stärke fördert Währungswerte

Starke Volkswirtschaften haben im Allgemeinen starke Währungen, beide sind miteinander verbunden. Wenn sich eine Wirtschaft gut entwickelt, bedeutet dies in der Regel, dass die Unternehmen profitabel sind, die meisten Arbeitskräfte beschäftigt sind und in den meisten Fällen steigen die Zinssätze. Diese Merkmale einer starken Wirtschaft kommen Ihnen als Devisenhändler zugute.

Steigende Zinssätze sind einer der aussagekräftigsten Indikatoren für steigende Währungswerte, und Zentralbanken auf der ganzen Welt bestimmen die Zinssätze in ihren jeweiligen Volkswirtschaften. Diese Zentralbanken erhöhen in der Regel die Zinssätze, wenn die Inflation, gemessen am Verbraucherpreisindex (CPI) und am Erzeugerpreisindex (PPI), zu schnell zu wachsen beginnt.

Wirtschaftswachstum führt zu Inflation. Grundsätzlich gilt: Je stärker die Wirtschaft ist, desto höher wird die Nachfrage nach Arbeitskräften. Wenn die Nachfrage nach Arbeitnehmern steigt, steigen auch die Löhne für diese Arbeitnehmer. Je mehr Geld die Arbeitnehmer mit nach Hause nehmen, desto mehr Geld müssen sie im Einzelhandel, für Autos und Häuser ausgeben. Wenn die Nachfrage nach Waren und Dienstleistungen steigt, erhöht sich auch der Preis für diese Waren und Dienstleistungen, mit anderen Worten die Inflation.

Wenn die Zentralbanken bei ihrer Entscheidungsfindung auf Inflationsindikatoren (wie den Verbraucherpreisindex und den Erzeugerpreisindex) achten, würden Sie natürlich davon ausgehen, dass sie auch daran interessiert wären, die Indikatoren der Wirtschaftsstärke zu beobachten, um zu sehen, wie stark eine Wirtschaft ist, und das sind sie ganz sicher. Die Zentralbanken beobachten die folgenden fundamentalen Wirtschaftsindikatoren, um die Stärke einer Wirtschaft zu beurteilen, und das sollten Sie auch tun:

Bruttoinlandsprodukt (BIP), Lohn- und Gehaltsentwicklung außerhalb der Landwirtschaft, Aufträge für langlebige Güter, Einzelhandelsumsätze.

Das Bruttoinlandsprodukt (BIP)

Das Bruttoinlandsprodukt (BIP) ist das breiteste verfügbare Maß für die gesamtwirtschaftliche Aktivität. Das vierteljährlich gemeldete BIP-Wachstum wird im Großen und Ganzen als Hauptindikator für die Wirtschaftskraft herangezogen.

Das BIP stellt den Gesamtwert der Produktion eines Landes während des Berichtszeitraums dar und besteht aus den Käufen von im Inland produzierten Waren und Dienstleistungen durch Einzelpersonen, Unternehmen, Ausländer und die Regierung. Da die BIP-Berichte von Quartal zu Quartal oft einer spürbaren Volatilität und Revisionen unterliegen, ist es am besten, den Indikator auf einer jährlichen Basis zu verfolgen. Daher kann es wertvoll sein, die Trendwachstumsrate in jeder der Hauptkategorien des BIP zu verfolgen, um die Stärken und Schwächen der Wirtschaft zu bestimmen. Ein hoher BIP-Wert wird oft mit der Erwartung höherer Zinssätze in Verbindung gebracht, was – zumindest kurzfristig für die betreffende Währung – häufig positiv ist, es sei denn, die Erwartung eines erhöhten Inflationsdrucks untergräbt gleichzeitig das Vertrauen in die Währung.

Nicht-Landwirte (USA)

Dieser Bericht ist ein Maß für die Zahl der Beschäftigten in nicht-landwirtschaftlichen Unternehmen. Die monatlichen Veränderungen der Beschäftigung auf der Lohn- und Gehaltsliste spiegeln die Nettozahl der während des Monats neu geschaffenen oder verloren gegangenen Arbeitsplätze wider, und die Veränderungen werden als wichtiger Indikator der wirtschaftlichen Aktivität weitgehend verfolgt.

Die Beschäftigung auf der Lohn- und Gehaltsliste ist einer der primären monatlichen Indikatoren für die gesamtwirtschaftliche Aktivität, da sie alle wichtigen Wirtschaftssektoren umfasst. Zudem ist es auch nützlich, Trends bei der Schaffung von Arbeitsplätzen in verschiedenen Industriekategorien zu untersuchen, da die aggregierten Daten erhebliche Abweichungen in den zugrunde liegenden Industrietrends verdecken können. Ein starker Anstieg der Beschäftigung auf der Lohn- und Gehaltsliste wird als Zeichen einer starken wirtschaftlichen Aktivität angesehen, die letztendlich zu höheren Zinssätzen führen könnte, die die Währung unterstützen. Wenn Inflationsdruck als aufbauend angesehen wird, kann dies das längerfristige Vertrauen in die Währung untergraben.

Aufträge für Gebrauchsgüter

Aufträge für langlebige Güter sind ein wichtiger Indikator für Trends im Fertigungssektor, da der Großteil der Industrieproduktion auf Bestellung erfolgt. Häufig schließt der Indikator Aufträge im Verteidigungs- und Transportsektor aus, da diese im Allgemeinen viel volatiler sind als die übrigen Aufträge und den wichtigeren zugrunde liegenden Trend verdecken können.

Die Aufträge für langlebige Güter sind auch ein Maß für die neuen Aufträge, die den inländischen Herstellern für sofortige und zukünftige Lieferungen von Fabrikprodukten erteilt werden. Die monatlichen prozentualen Veränderungen spiegeln die Änderungsrate solcher

Aufträge wider. Das Niveau und die Veränderungen der Bestellungen von Gebrauchsgütern werden als Indikator für die Dynamik des Fabriksektors weitgehend verfolgt. Steigende Aufträge für langlebige Güter werden normalerweise mit einer stärkeren wirtschaftlichen Aktivität in Verbindung gebracht und können daher zu höheren kurzfristigen Zinssätzen führen, die oft eine Währung unterstützen.

Einzelhandelsumsätze

Der Einzelhandelsumsatz ist ein Maß für die Gesamteinnahmen der Einzelhandelsgeschäfte. Die monatlichen prozentualen Veränderungen spiegeln die Veränderungsrate dieser Verkäufe wider und werden als Indikator der Verbraucherausgaben weithin verfolgt. Die Einzelhandelsumsätze sind ein wichtiger Indikator für die Verbraucherausgaben, da sie fast die Hälfte der gesamten Verbraucherausgaben und etwa ein Drittel der gesamten Wirtschaftstätigkeit ausmachen.

Häufig werden die Einzelhandelsumsätze abzüglich der Autoverkäufe verfolgt, da diese im Allgemeinen viel volatiler sind als der Rest der Einzelhandelsumsätze und daher den wichtigeren zugrunde liegenden Trend verdecken können.

Steigende Einzelhandelsumsätze werden oft mit einer starken Wirtschaft und daher mit der Erwartung höherer kurzfristiger Zinssätze in Verbindung gebracht, die für eine Währung auf kurze Sicht oft positiv sind.

Regionale Wirtschaftsindikatoren

Regionale Indikatoren wie die Tankan-Berichte sind für JPY sehr wichtig und haben daher erhebliche Auswirkungen auf andere Märkte in der Region. Maschinenbestellungen sind ebenfalls ein kritisches Datenelement, da dies exportierende Unternehmen betrifft, was sich wiederum auch auf die Währung auswirkt.

VPI-Zahlen aus verschiedenen Ländern, insbesondere aus Australien, Japan und China, sind in der Regel marktbestimmend und werden von professionellen Händlern genau beobachtet.

Die Zahlen des Purchasing Manager Index (PMI) geben den Ton für den Monat an und sind ein Frühindikator für die wirtschaftliche Aktivität in der Region.

KAPITEL 10:
Handelspsychologie

Die Handelspsychologie

Devisenhändler müssen nicht nur mit anderen Händlern, sondern auch mit sich selbst auf dem Devisenmarkt konkurrieren. Als Forex-Händler ist man selbst oft sein schlimmster Feind. Wir Menschen handeln oft emotional: Unsere Egos wollen validiert werden und wir wollen uns selbst beweisen, zu wissen, was wir tun. Unsere Emotionen und Instinkte können uns hin und wieder Handelserfolge bescheren, aber oft überwältigen sie uns auch und führen im Nachhinein zu Handelsverlusten, wenn wir nicht lernen, sie zu kontrollieren.

Viele Devisenhändler glauben, dass es ideal wäre, wenn man sich vollständig von seinen Emotionen trennen könnte. Leider ist das sehr schwierig – wenn nicht gar unmöglich. Außerdem können manche Emotionen tatsächlich den Handel verbessern. Das Klügste, was Sie tun können, ist zu lernen, sich selbst als Händler zu verstehen. Identifizieren Sie Ihre Stärken und Schwächen und wählen Sie dann einen Handelsstil, der für Sie am besten geeignet ist. In diesem Kapitel lernen wir die folgenden vier psychologischen Vorurteile kennen, die Ihre Handelsergebnisse beeinflussen und was Sie tun können, um sie zu überwinden: Selbstüberschätzung, Verankerung, Bestätigung und Verlust-Aversion.

Fehler durch Selbstüberschätzung

Die Selbstüberschätzung ist ein übertriebener Glaube an die eigenen Fähigkeiten als Forex-Händler. Wenn Sie jemals der Meinung sein sollten, dass Sie alles im Griff haben, dass Sie nichts mehr lernen können und das Geld auf dem Markt schon so gut wie Ihnen gehört, überschätzen Sie sich vermutlich schnell selbst.

Die Gefahren der Selbstüberschätzung

Übertrieben selbstbewusste Händler bringen sich oft Schwierigkeiten, indem sie zu häufig handeln (Überhandel) oder indem sie extrem große Geschäfte platzieren, wenn sie den großen Gewinn anstreben. Am Ende handelt ein übermütiger Händler entweder zu exzessiv oder riskiert zu viel bei einem Handel, der schlecht läuft und den größten Teil seines Kontos vernichtet.

Sind Sie zu selbstsicher?

Wenn Sie wissen wollen, ob Sie zu einer Selbstüberschätzung neigen, sollten Sie sich fragen, ob Sie jemals direkt wieder in ein Geschäft gesprungen sind, das Sie gerade erst abgeschlossen haben – und zwar nicht, weil Sie eine andere Einstiegsmöglichkeit sahen, sondern weil Sie einfach nicht glauben konnten, dass Sie sich geirrt hatten. Sie können sich auch fragen, ob Sie jemals mehr auf einen Handel gesetzt haben, als Sie normalerweise tun würden, nur weil Sie sich sicher waren, dass der Handel einen Gewinn einbringen würden. Wenn das der Fall ist, müssen Sie sich dieser Tendenzen bewusst sein.

Wie man eine Selbstüberschätzung überwinden kann

Am besten kann man übermäßiges Selbstvertrauen überwinden, indem man strenge Regeln für das Risikomanagement aufzustellt. Diese Regeln sollten mindestens umfassen, wie viele Geschäfte Sie sich gleichzeitig erlauben, wie viel von Ihrem Konto Sie bereit sind, bei jedem einzelnen Geschäft zu riskieren (und zu verlieren!), bevor Sie eine Pause vom Handel machen und Ihre Strategie bewerten. Wenn Sie die Anzahl der Geschäfte und die Höhe des Risikos begrenzen, können Sie Ihr Risiko über Ihr gesamtes Portfolio verteilen. Machen Sie Ihren Misserfolg überlebensfähig!

Verankerungsfehler

Bei einer Verankerung glaubt man daran, dass die Zukunft ähnlich wie die Gegenwart aussehen oder sich ähnlich verhalten wird. Wenn man sich zu eng an der Gegenwart verankert, verkennt man die dramatischen Veränderungen, die möglich sind, wenn Währungspaare schwanken und sich die zugrunde liegenden Fundamentaldaten verändern.

Die Gefahren der Verankerung

Verankerte Händler bringen sich in der Regel selbst in Schwierigkeiten, indem sie sich davon überzeugen, dass der gegenwärtige Trend niemals enden wird und eine Umkehr der Wirtschaftskraft eines bestimmten Landes nahezu unmöglich ist. Daraufhin binden sie sich emotional an den vorherigen Trend eines Währungspaares und platzieren weiterhin Handelsgeschäfte, die dem neuen Trend zuwiderlaufen. Mit jedem Handel verlieren sie dann immer mehr Geld, weil sie gegen den Trend handeln.

Verankern Sie sich?

Wenn Sie wissen wollen, ob Sie irgendwelche Verankerungstendenzen haben, sollten Sie sich fragen, ob Sie jemals Geld verloren haben, weil Sie nicht akzeptieren konnten, dass der Trend zu Ende ging. Wenn ja, müssen Sie sich dieser Tendenz bewusst sein.

Wie man eine Verankerung überwinden kann

Eine Verankerung kann man möglichst gut überwinden, indem man sich mehrere Zeitrahmen auf den Diagrammen ansieht. Wenn Sie normalerweise anhand von Stundendiagrammen handeln, sollten Sie gelegentlich einen Blick auf die Tages- und Wochendiagramme werfen, um zu sehen, wo ein paar der längerfristigen Unterstützungs- und Widerstandsstufen liegen und wie die langfristigen Trends aussehen. Außerdem sollten Sie auch einen Blick auf die kurzfristigen Diagramme werfen, um zu sehen, wann sich die kurzfristigen Trends umkehren. Wenn Sie Ihre Perspektive erweitern, vermeiden Sie es, sich an einem bestimmten Punkt zu verankern.

Bestätigungsfehler

Bei diesem Fehler sucht man nur nach den Informationen, die die Überzeugung bestätigen, die man bereits hat. Wenn Sie zum Beispiel glauben, dass der EUR/USD-Kurs steigen wird, suchen Sie die Nachrichten, die technischen Indikatoren und die fundamentalen Faktoren, die Ihre Überzeugung untermauern.

Gefahren bei der Suche nach Bestätigung

Händler, die sich aktiv um die Bestätigung ihrer Überzeugungen bemühen, neigen dazu, wichtige Warnzeichen zu übersehen, die sie normalerweise vor unnötigen Verlusten geschützt hätten. Bei dem Versuch, ihre Überzeugungen zu untermauern, übersehen Händler diese Fakten, was letztendlich dazu führt, dass sie gegen den Trend handeln und mit ihren Geschäften Geld verlieren.

Suchen Sie Bestätigung?

Wenn Sie wissen wollen, ob Sie Bestätigungsfehler begehen, sollten Sie darüber nachdenken, wie oft Sie nach Anzeichen dafür suchen, dass Sie in Ihrer Analyse falsch liegen könnten. Wenn Ihre Antwort selten oder nie ist, suchen Sie möglicherweise nach Bestätigung und müssen sich dessen bewusst sein.

Wie man Bestätigungsfehler überwinden kann

Eine Möglichkeit, Bestätigungsfehler zu überwinden, besteht darin, jemanden oder ein Netzwerk zu finden, mit dem Sie über Ihren Handel sprechen können. Im Idealfall wird die Person oder Gruppe, mit der Sie über Ihren Handel sprechen, nicht immer mit Ihnen übereinstimmen. Händler mit unterschiedlichen Perspektiven und Ideen können Ihnen helfen, Ihre Handelsgeschäfte aus verschiedenen Blickwinkeln zu betrachten. Manchmal werden Sie Ihre Überzeugungen durch Gespräche mit anderen Händlern stärken, während ein anderes Gespräch mit Ihren Handelspartnern dazu führen kann, dass Sie Ihren Kurs ändern. Ein offener Geist wird Ihnen helfen, neue Strategien zu erlernen und zu vermeiden, zu lange an alten Überzeugungen festzuhalten.

Fehler durch Verlust-Aversion

Die Verlust-Aversion basiert auf der Theorie, dass der Schmerz, der durch den Verlust von 1.000 Dollar verursacht wird, größer ist als die Freude, die durch den Gewinn von 1.000 Dollar entsteht. Um direkter zu sein: Angst ist ein stärkerer Motivator als Gier.

Gefahren der Verlust-Aversion

Händler, die Verluste befürchten, halten viel eher an Verlustpositionen fest als Händler, die bereit sind, kurzfristige Verluste zu akzeptieren und sich auf andere, profitablere Geschäfte zu verlegen. Das Festhalten an Verlustpositionen schadet allerdings nicht nur der Stabilität Ihres Kontos, sondern hält Sie auch von besseren Geschäften ab.

Haben Sie Angst vor Verlusten?

Wenn Sie wissen wollen, ob Sie eine Schwäche für eine Verlust-Aversion haben, sollten Sie sich fragen, ob Sie jemals an einem Verlustgeschäft festgehalten haben, das über den Punkt hinausging, an dem Sie wussten, dass Sie hätten aussteigen müssen. Wenn das der Fall ist, müssen Sie sich dieser Tendenzen bewusst sein.

Wie man eine Verlust-Aversion überwinden kann

Eine gute Möglichkeit, eine Verlust_Aversion zu überwinden, ist der Handel mit einem festgelegten Stop-Loss. Viele Händler sagen zwar, dass sie mit einem mentalen Stop-Loss handeln, über den sie nachdenken und sich versprechen, ihn einzuhalten, aber allzu oft ignorieren Händler, wann letztlich Schluss sein sollte. Sie lassen ihre Emotionen dominieren und fangen an, ihre Entscheidung zu rationalisieren, im Handel zu bleiben, bis er sich umkehrt. Sobald Sie in ein Geschäft einsteigen, müssen Sie unbedingt Ihr Stop-Loss festlegen – lassen Sie keinen Raum für Emotionen.

FAZIT

Vielen Dank, dass Sie es bis zum Ende von *Fortgeschrittene technische Analyse für Forex* geschafft haben. Ich hoffe, dass es sehr informativ war und ich Ihnen alle Tools nahebringen konnte, damit Sie Ihre Ziele im Devisenhandel und Verdienste erreichen können. Der nächste Schritt besteht darin, Ihre Fähigkeiten im Handel zu testen und Ihr Risikokapital aufzubauen. Das wird Ihnen die nötige Motivation geben, die Sie für Ihren Erfolg brauchen.

Von mir gibt es auch andere Bücher über verschiedene Aspekte des Handels und der Anlageklassen, die Sie sich auch gerne ansehen können!

PROFIL DES AUTORS

Wayne Walker ist Direktor einer globalen Bildungs- und Beratungsfirma für Kapitalmärkte (gcmsonline.info). Er verfügt über jahrelange Erfahrung in der Leitung und im Coaching von Anlageberater-Teams und hat in der Privatkundengruppe auf Grundlage von Bench Mark Earnings (BME) bereits mehrere Teams mit Spitzenleistungen geleitet.

www.ingramcontent.com/pod-product-compliance
Lightning Source LLC
Chambersburg PA
CBHW022122170526
45157CB00004B/1722